寫給成長過程中走迷、挫傷的你，
完整自己的二次成長療心室

如果人生可以重來，
我們該如何長大

Second Growth!

臨床心理師
張榮斌
審訂

王瑞
著

「對於任何一種缺失，不試圖掩蓋或毀滅它，

而是把它變成值得信任的夥伴」

二次成長的旅程

當你翻開這本書時，雖然你未必能馬上意識到，但你的二次成長已經開始了。

我做了近十年的心理學科普工作，不斷有編輯來聯繫我，希望我出一本心理學相關的書，但幾乎每個編輯都希望把過去的文章稍加整理，然後迅速地出版和發行，這讓我一度對心理學書籍的出版市場失去了信心。閱讀紙本書，是我們現在為數不多可以慢下來、整理思緒的方式，它不應該變成速食，尤其是閱讀心理學書籍。

終於，我等到了一位願意善待書籍，並且希望將心理學中真正為大眾有助益的內容送到讀者身邊的編輯。對於第一次與這位編輯的談話，我沒抱任何希望，以為又是一個期待速食心理學的「知識販子」。結果，這次談話讓我當場就決定推掉其他工作專案，一頭栽進了本書的寫作中。我和編輯都不希望心理學被噱頭、雞湯和偽知識取代，我們希望心理

學不只在學者和專業人士眼裡是有用的，更希望對於那些對心理學幾乎一無所知的人也有幫助。帶著編輯給予的信任和協助，我開始了第一本紙本書的創作。

　　一晃眼，一年過去了，一切都比我當初想像得更困難一些。雖然我是本書作者，但也是第一個讀者，所以我不斷地在專業視角和讀者視角之間來回切換，希望保證本書專業性的同時，又讓讀者能真正吸收書中內容並將其運用到自己的生活裡，而不是讀到一些大道理後就把書扔在角落，繼續在人生中焦慮著。所以，支撐我寫作的動力和目標只有一個：我希望本書能給每個人一個「二次成長」的機會。

　　我們在沒有任何經驗的情況下經歷了第一次成長，也就是我們從出生到18歲的這個自然階段。這個成長的過程可能充滿了坎坷，成長的結果無法令人真正感到滿意和幸福。我們有沒有重來一次的機會呢？答案是非常肯定的，我們每個人都有一個二次成長的機會，有益於我們提升心理和精神世界極強的可塑性，「二次成長」其實就是對「已經定型的人格重塑的過程」。

　　在第一次成長中，我們的人格形成過程有很大的程度得依賴父母，我們很被動，對於自己想成為怎樣的人可能沒有

發言權；但是，在「二次成長」中，我們自己是主體，我為
大家提供的大部分方法都是可以獨立使用的，這將是一個完
全意義上的自我對話和探索的旅程，你將有機會自主決定你
真正想做的事、真正想成為的人。

人格重塑

　　人格的重塑不是一件簡單的事，因為當你真正有能力解
決自己的問題時，往往已經成人多年，人格已經定型，而人
格最大的特點就是它具有穩定性。很多時候，無力感的產生
都來自我們發現自己無法改變眼前的困境，這種無力感先是
讓我們絕望，然後使我們麻木，最終失去對於這個世界的好
奇和期待。

　　然而，最深沉的絕望中蘊含著最強大的力量。人格之
所以如此穩定，是因為它在我們的大腦裡留下了一條條的溝
壑，我們的思緒和情緒會習慣性地順著這些溝壑流動，溝
壑的走向決定了流動的方向。但是大腦的可塑性極強，它的
生長潛力可以持續一生，我們總有機會能做些什麼去實現改
變。只要有了正確方法和長久的堅持，我們可以改變大腦的
溝壑，也可以重新建立習慣性反應，我們的人格會在一點一

滴的變化中煥發新的生命力。

　　然而這個過程需要時間，很多人的改變總是無疾而終，根本原因就在於改變的動力不是為了給自己一個成長的機會，而是為了擺脫和逃避當下的自我厭惡感。**要實現人格重塑，最重要的就是給自己時間和耐心，學會和自我厭惡感相處。我們聽了太多關於變好的方法，卻忽略了在變好之前，如果不能和自我厭惡感相處，所謂的「變好」是不會實現的。**

　　自我重塑就像是自己做了一次自己的父母，用我們理想中的父母樣貌對待自己、呵護自己，支持包容自己每一步的錯誤嘗試。很多時候，我們缺失的不是自我，而是理想的父母。很多人本能地想要從父母身上尋找這些缺失的部分，但萬萬沒想到，缺失的最後一塊碎片只有從自己身上才能找到。完成自我重塑的一個信號是，有一天，你發現自己要獨立面對未知和挑戰，你也許會害怕，但你仍然選擇繼續往前走，因為你信任自己。

如何閱讀這本書

首先，帶著最困擾自己的一個問題開始閱讀本書，你將有機會看到這個問題是如何從源頭開始，逐漸演變成了現在的模樣，進而持續地影響著你的生活。讀完本書後，找到讓你印象最深刻的章節，從該章節提供的方法開始重點練習，它會像解開一個個謎團，帶你重新認識自己、理解自己，最終找到、接納和相信自己。

其次，在本書的閱讀中，我們會重新經歷童年，這個過程並不會太愉悅，我們也難免會將一切問題的源頭都歸咎於父母的失職，但這並不是本書的目的。的確，如果父母能夠真正懂得我們在成長中最需要的是「無條件的愛和支援」，而不是苛責和懲罰，我們的成長會更順利、更幸福，人格也會發展得更完整。**但過去已經發生的事情是無法改變的，它是我們記憶的一部分，我們真正要改變的，同時也是真正能實現改變的，是我們如何處理讓我們受到傷害的記憶。**

責怪父母是不是一種處理方式呢？當然是，但它是一種「傷敵八百，自損不止三千」的處理方式，是一種不同於小時候被父母控制的方式。小時候，我們因為太渴望被愛而屈

服於父母的控制；長大後，我們因為太渴望透過恨和報復來發洩而屈服於父母的控制。無論是哪種方式，它都削弱了你作為一個人的完整性。

本書不是一次性閱讀的速食，裡面的方法不是靈丹妙藥，並不是吃下去後問題就能馬上消失。本書更像是一個陪伴在你身邊的朋友，在你需要的時候給你安慰和方向。本書提供的方法是可以反覆練習的，並且在每一次練習中，你都會有新的發現，真正的成長也是從一次次的練習中積累的經驗和體驗而逐漸獲得的。

我在書寫本書的過程中，對書中的每一個方法都重新驗證，包括和自我的對話、和朋友的對話，以及和伴侶的對話。寫完本書，我彷彿又進行了一次人格的梳理和重塑。儘管我以為對自己已經足夠了解，但依然在這個過程中發現了自己很多年都沒有意識到的盲點，同時也意外地修復了一些調整多年但未見成效的情緒問題。其中，令我印象最深刻的是憤怒問題，我發現，憤怒的情緒中還層層包裹著很多複雜的情緒。我使用的方法就像剝洋蔥一樣，一點點把它剝開，看到了隱藏多年的真相，或者更準確地說，是我還沒有準備好去面對的真相。

　　在過去七年的心理諮商師執業生涯中，我見證過太多來訪者被破碎的童年牽絆，在現實生活中掙扎，但最終實現了「二次成長」。這個過程很不容易，但很幸運的是，我從中發現了一些規律和方法，它們具有普世性，每個人都可以嘗試。在十年的心理科普工作中，我一直堅持一件事情，那就是把晦澀的心理學知識詮釋成每個人都能理解並應用於生活的人生哲學。太多有價值的心理學知識躺在課本裡和研究論文裡，但是沒能到達真正需要的人那裡，而我特別幸運地做了這個擺渡人。希望本書能夠讓每位讀者獲得敏銳的心理視角，並且帶著這個視角重建自己的生活，體驗真正的自由和快樂。

目
錄
contents

1

尋找早年印記（1歲之前）
我和世界建立信任的開始

2

初現自我輪廓（1～3歲）
學會和內心的「小惡魔」相處

3

建立自我價值（4～5歲）
我在這個世界上，不多餘

4

重塑自我心智（6～11歲）
我會成為更好的自己

5

擁有完整人格（12～18歲）

在危機、孤獨和叛逆的夾縫中，守護自己

1

尋找早年印記（1歲之前）

我和世界建立信任的開始

我知道這世界

本如露水般短暫

然而，然而

——小林一茶

這一章，我將帶大家進行人生初始篇章的探索和討論，也就是1歲以前。我們對這短短的一年似乎毫無記憶，但卻是為人生中許多重要概念打下基礎的一年。無論存在感、分裂感、安全感和信任感，都在出生後的一年裡迅速建立起來。這個過程究竟是怎麼實現的？我們的父母在其中扮演了怎樣的角色？都將在這章找到答案，啟動我們對人生軌跡的回溯，找到自我成長的起點。

第一節／存在感
和世界建立信任的開始

　　我們在群體裡有時會進入一種「沒什麼存在感」的狀態，很少被別人注意到，好像對別人來說，有我沒我並沒有什麼區別。那麼，存在感究竟是什麼呢？

　　心理學從哲學的發展孕育而來，要了解存在感的定義，就要從哲學中找到源頭。很多人聽過笛卡兒那句有名的「我思故我在」，意指如果我思考存在這件事，那我就必須存在；如果我懷疑存在這件事，我也必須已經存在。而我更喜歡貝克萊定義的方式——存在即被感知，也就是說，如果我發出一個信號，能夠收到來自這個世界的回應，那麼我就感受到存在了。

　　所以心理學上的存在感，是一種自我能夠被看到、被察覺、被感知以及被回應的內心狀態。而這種狀態就是我們和這個世界以及對自己和他人建立信任的開始。

存在感是生存的理由

大多時候，我們感受到的存在感是有條件的，似乎當自己很優秀、在人群中成為亮點、有價值的那一刻，才能感受到存在感，否則自己就是不存在的，可以被大家忽略、遺忘和不在乎。但真正的存在感其實是無條件的，無論一個人是什麼性格，有多少優點和缺點，都值得擁有存在感。

我從小生活在一個獎罰分明的教育環境裡，所有我感覺會被看到的時刻都是因為考試成績好，而且只有短暫幾秒能感受到微弱的存在感，但轉身就陷入下次考試的焦慮中，似乎一切努力都是為了好成績而受人矚目的片刻。

後來，我到美國讀研究所。當時語言不通、課程聽不懂，曾讓我感受到存在感的優勢在一夕之間蕩然無存，但我也因此有機會體驗到「無條件的存在感」。我不是一個會精心打扮衣著的人，所以從來不期待身邊的人注意我的穿搭。直到跟美國的同學熟絡起來，我發現他們特別喜歡不經意地隨口誇讚：「瑞，你的項鏈好漂亮」、「瑞，好喜歡你今天的髮型」、「哇！瑞，你的鞋子在哪買的，我也好想買一雙」。

起初，我很受寵若驚，還想說這是不是他們對國際同學的特別照顧呢？但是我觀察之後，發現他們平時的相處也都

自然出現這種互相關注和誇讚的日常對話。我從來沒有體驗過這種感覺，所以用了很長的時間才意識到和接納這件事，那就是「你不需要額外做什麼，你的存在就能被注意到」。在之前的學校環境中，我得到的所有優待和喜歡似乎都是因為「我是個成績不錯的學生」，我也能明顯感覺到身邊的人會根據這個標準來選擇是否要主動跟你交往，如果成績不好，似乎就失去了被主動靠近的價值。而這種擔心後來也真的發生了，高三的成績波動很大，以往常常主動圍繞在身邊的那些人都消失了，他們換了新的親近目標。先不論這是事實還是我主觀的幻想，都更加驗證了「存在感是需要條件的」，這個信念在我心中根深蒂固。

當然，我並不是想做一個中美教育文化的對比，只是我個人的經歷剛好可以用來解釋「有條件的存在感」和「無條件的存在感」。我們太習慣前者的心理模式，當有人只是因為「你是你」而關注你、喜歡你的時候，我們是非常不適應的，甚至覺得那不正常，因為我們習慣的認知是值得擁有的東西都應該有一個理由才能放心。然而，這樣真的正常和合理嗎？我們生活在世界上的這件事真的需要理由嗎？還是如思想家黑格爾所言：「存在即合理呢」？

　　我從小就很喜歡觀察身邊的一切，小學時因為父母的工作調動常常轉學，這種觀察的習慣讓我覺得即便到一個陌生環境也不會太尷尬和孤獨。我看著身邊的新同學，一個男生和一個女生莫名其妙地在下課時打鬧，你推我一下，我把你的課本扔得老遠。這一切在我看來似乎毫無理由，但他們樂此不疲，享受著「你來我往」的互動和回應，感受著被看到的存在感，大概這就是理由吧。有一次，我在旁邊看得出神，被他們發現了，他們突然要我做裁判，讓我評斷是誰先招惹誰，於是我也加入了這場「存在活動」。我的觀察結果也被他們回應，進而產生了新的互動，也變成我融入新環境的方式。

　　有時候這種融入的過程並不順利，因為之前的學校是上午11點放學，而新學校在課間休息之後還有一節課要上，但我不知情。待11點下課鐘聲一響，我就背著書包要回家。旁邊的同學哈哈大笑，我有點尷尬地站在原地，解釋說：「我以為放學了，之前我的學校不是這樣的」。結果他們從略帶嘲笑的大笑中收斂，羨慕地說：「哇！你之前的學校這麼幸福！」。然後我有一絲絲驕傲地回應，順勢坐下來和他們說之前待的學校還有哪些更幸福的事情。整個情況轉危為安，在

融入群體的過程中不斷充斥著這種略帶不安和「危險」的小細節，慢慢組成了我對這個新環境的印象。而這個過程，其實就是我們剛來到這個世界時同樣要經歷的，只是用了不同的語言，並且傳遞了「我們到底出生在一個怎樣的世界裡」這個資訊將對我們影響深遠，甚至有一輩子牽絆的父母。接下來，我們就一起看看，父母是怎樣帶我們認識這個世界的？在我們不知情的情況下，我們的人生已經發生了哪些重大的變化？

健康的存在感 VS 不健康的存在感

剛出生的時候，我們還不會說話，唯一和外界溝通的方式就是「哭喊」，這是嬰兒向世界發出的第一個信號，這時候我們根本不知道要期待什麼，這個世界是未知的，甚至充滿危險的。哭喊本身只是一個聲音，它可能不帶任何感情色彩，不像我們成人後的哭泣大多和悲傷難過的情緒有關，也不像稍長的孩子耍脾氣，會讓人產生反感、厭煩…等負面情緒。嬰兒的啼哭也許打擾平靜，但事實上它的本質是非常中立的信號，而且代表很多涵義，可能是希望有人和自己說話、餓了，或者想排泄…等生理需求，當然也可能是情緒。

只是不管對應哪種需求，最後都變成用「哭鬧」這種方式表達出來。

通常信號傳遞出去後，嬰兒會等待來自外界的回應，當下得到的回應方式將決定我們獲得怎樣的存在感。在等待過程中，會讓嬰兒本能地產生不安和恐懼，一方面不知道會得到怎樣的回應，另一方面根本無法預測是否會得到回應。於是可能出現無助和絕望，最終這些情緒將會被如何對待呢？所以初期的互動很重要，它決定著嬰兒下次啼哭的時候，是帶著怎樣的心情和期待。大家想像一下，如果自己的靈魂困在一個只會哭喊的嬰兒身體中，你該如何與外界進行聯繫呢？這將是一個異常困難的過程，圖1-1、圖1-2非常直觀地為你展示兩種不同的回應方式，也是大部分人都經歷過的兩種常見模式，讓我們來看看經歷了什麼吧。

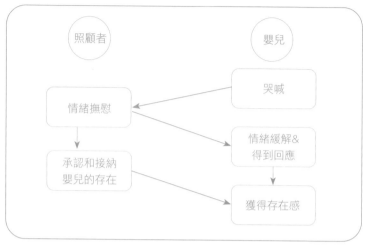

圖1-1 健康的存在感

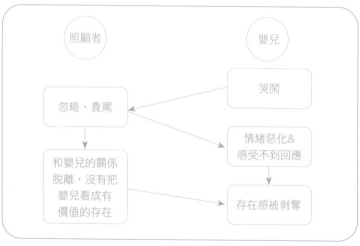

圖1-2 不健康的存在感

　　大家看到了嗎？就是這麼簡單的互動，在日積月累的重複中，變成了嬰兒對這個世界的第一印象，可能獲得健康的存在感，也可能被剝奪了正常的存在感。

　　健康的存在感的特點是，照顧者聽到嬰兒的聲音時，能夠及時給予回應，也許這個回應並不完美，因為誰也沒辦法準確判斷出嬰兒是無聊了、餓了，還是拉肚子了。但在第一時間立即一件件確認，這個和嬰兒互動的過程會讓他們充分地感受到：「喔，原來我發出聲音，有人可以聽到，並且能得到回應」，這就足夠了。

　　而不健康的存在感會讓嬰兒陷入一個迴圈，一開始用正常音量哭泣，發現沒人搭理自己，也許照顧者可能正在忙，或者嫌嬰兒煩所以懶得管，總之他沒有得到任何回應。於是就哭得更大聲了，認為這樣是不是就可以得到關注。可是照顧者可能更加惱火，繼續忽視或責罵，用這種讓嬰兒產生原始恐懼的方式回應。那麼這個時間點，可能就是人生的分岔路口了。

　　在嬰兒不知道自己的存在意味著什麼的時候，他們可能會假設自己是宇宙的中心，發出聲音之後就應該收到聲音，結果並沒有？！這種情況下就會經歷第一次的內心崩塌體驗

或者自我破壞性體驗，覺得：「為什麼我持續發出聲音，卻得不到任何回應呢？」有的照顧者甚至是心情好的時候才回應，心情不好就不回應，嬰兒可能又會想：「怎麼有時候哭，會有人理我；有時候哭，就沒人理我呢？區別是什麼呢？是我哭的聲音，還是哭的方式？」像這樣一堆問號就在還不會說話的嬰兒腦子裡蔓延，雖然這時還不會說話，無法產生事實記憶，但情緒記憶在3歲前就已經開始發育了，他們會依稀記得一些「感覺的片段」…

　　如果現階段的你有很多說不上來具體在什麼時候產生的感覺，而且好像自從有記憶以來就有的話，那麼很可能是從這個階段產生的感覺。先簡單說一下「存在感」，請回憶一下你從什麼時候開始覺得自己沒有存在感的，如果有某個確定的時間，比如國中時發生一次被同學排擠的事情，所以從那時開始沒有存在感，那麼你的存在感確實和後天的一個創傷事件有較大的關係。如果你發現自己好像沒受到過什麼創傷，人生也沒有那麼明顯的坎坷或者挫折，也許就是在你沒有事實記憶的階段，就已經有了一些情緒記憶的痕跡。

究竟誰在「操控」誰

看到這裡你可能會問，嬰兒一哭就過去哄他，父母不就被控制了？那嬰兒長大後還得了？曾經在一堂個案課上，我們討論過這樣一個案例，一位媽媽剛生下孩子沒多久，是個男嬰，媽媽發現她必須親自抱著嬰兒，他才能睡著，只要放下，嬰兒就開始哭。媽媽就說這個嬰兒是「操控人的小惡魔」，可想而知，在以後的相處中，媽媽會帶著這個評價來看待嬰兒的每一個信號。嬰兒真的會「操控」人嗎？就像成年人之間的爾虞我詐那樣，來到這個世界上沒幾天就開始操縱自己的媽媽嗎？

答案是否定的。其實是媽媽將自己的情緒和想法轉移到了嬰兒身上，嬰兒根本還不知道他剛來到的這個世界是怎麼回事，只是試探性地傳遞一些信號而已，但卻被錯誤解讀了。於是這位媽媽後來對嬰兒進行「沉默處理」，不管嬰兒哭得多厲害，也不會把他抱在懷裡，而是讓他自己一直哭到筋疲力盡。看似媽媽的方法奏效了，但嬰兒在這段時間裡究竟經歷了怎樣的絕望和痛苦，可能永遠也無法知曉了；隨後，這種情緒記憶就變成了嬰兒在成人時期裡無法解釋的不安和恐懼。

　　所以究竟是誰「控制」了誰呢？準確地說，是一種不健康的習慣性模式在一代一代中用互動方式「遺傳」下來。這位媽媽之所以產生這樣的想法，可能和自己在原生家庭中接收到的信號有關。模式遺傳不同於生理上的基因遺傳，並非父母有一個「愛發脾氣」的基因，所以我們出生時也攜帶了愛發脾氣的基因。所謂的模式遺傳是在一個家庭中日積月累的語言習慣、情緒習慣、溝通習慣、思維習慣…等互相影響、潛移默化而形成的。

　　比如在前面的例子中，媽媽明明還不了解剛出生的嬰兒究竟有什麼脾氣個性的時候，就判定他是控制人的小惡魔，那麼這種認知會一直伴隨著嬰兒後來的成長。嬰兒在這種影響之下可能會變成像媽媽一樣的人，因為這是他最早接觸到看待這個世界的方式。他跟媽媽提需求，媽媽會責罵他自私，不為別人考慮；那麼當他和別人相處時、面對別人提出的需求時，也會條件反射般地覺得「對方是不是也是一個只會利用別人的自私鬼？」。如此一來，「模式遺傳」就產生了，而這個嬰兒本來可以成為一個怎樣的人，就變成了未知。同樣的道理，媽媽為什麼會是這樣易怒的人呢？是不是同樣受到了她父母的影響？也許，媽媽本來會是一個怎樣的

人，也錯失了真正發展起來的機會。

　　在之後的討論中，希望大家能夠建立這樣的一個意識，**我們之所以追根溯源到一切開始的地方，不是為了找出罪魁禍首或承擔責任的人，而是要找到自己形成現狀的原因。每個人的原因不可能完全相同，能夠相對客觀地理解自己，才是你讀這本書的初衷。**

　　也許我們沒有辦法一直追溯到最初的起點、改變那個最先犯錯的人，因為真的追究起來，這個「錯」一方面可能要追溯到你的祖父母輩，另一方面在這幾代人的模式遺傳中，有很多共同作用的因素，比如文化、社會…等本來就存在的矛盾和衝突，這些因素都並非找出犯錯的人就能獲得解決。**我們改變自己的時候，不得不面對的一個困境是：只能解決在自身掌控範圍裡的問題，接納這個困境，改變才會開始，也才可能真正實現。**接下來，我們能做的是找到自己成長的起點，然後帶著現在的智慧，重新書寫自己的歷史，然後期待更多人的改變能影響我們所生活的社會和世界。

方法工具箱：出生證明、訪談提問

1.出生證明

（1）找出你的出生證明

如果家人善於保存各種資料和證明，不妨找個時間，讓家人幫忙找出自己的出生證明。一方面，這個過程能夠證明你感受到，即使在記憶還沒開始建立的時候，你做為一個獨立個體就已經實實在在地存在了，這是一個客觀存在的證明；另一方面，也開啟你和家人的探索溝通過程，幫助他們回憶起一些有價值的資訊。

（2）想像出生畫面

看著出生證明，想像自己出生的場景和來到這世上的畫面，那是存在的開始。感受一下這個什麼都還沒有做的嬰兒，為什麼會需要回應才能感受到存在感？為什麼他用僅有的肢體語言和身旁的人溝通時，會被忽視或受到惡劣的對待？這些問題對於感受存在感最初的狀態是非常關鍵的，我們已經被成人世界對於「存在感」狹隘的、扭曲的定義所轄制，期盼大家能藉由這個過程濾淨雜質，回到存在感最初的

樣子。

（3）添加出生旁白

當你在腦海裡形成了出生畫面時，可以添加一段旁白，用文字形式寫出來，就像給自己一次重生的機會。你可以重新修改對自己的期待，如果你還有質疑，也沒關係，每種方法的嘗試都不是一蹴可及的，你可以隨時修改和更新自己的旁白，這也是一種見證自我成長的方式。

2.訪談提問

如果曾經照顧你的親人尚在，可以用以下問題為範本進行訪談提問，獲取你無法自己回憶起的重要人生經歷。

（1）提問內容

問題1：剛出生的第一年，我是被母乳餵養，還是其他方式？

問題2：我當時是愛哭鬧的嬰兒嗎？

問題3：當我哭鬧時，一般是誰在照顧我？用什麼方式照顧？

（2）替代方式

如果照顧你的人已經離開了，那麼可以找有間接關係的

人幫忙回憶；如果完全沒有人能為你說明，或者因為一些原因，你不願意進行這部分的交流，那麼可以用自己知道的訊息進行一定程度的猜測和推斷。雖然未必非常精確，但是同樣能提供你一些參考方向。

（3）判斷標準

這些問題可以幫助我們還原圖1-1裡所展示的存在感獲取路徑，如果小時候是母乳餵養，照顧者對於你的哭鬧態度是包容接納的，並且大多數時候能夠及時回應你的需求，那麼就說明初始的安全感已經建立。

如果上面三項都沒有滿足，那麼就說明基礎的存在感在這個階段就出現缺失，會為後續成長帶來連鎖反應。如果滿足了一項或者兩項，就是還不錯的信任狀態，雖然沒有那麼完美，但也是很難得的合格狀態。

「完美」更像是非常理想化的一個標準，可以做為我們的參考，但不應該是絕對的目的。天下沒有完美的媽媽，只要在自己能力範圍內努力做好，就是非常了不起的媽媽了。所以，如果當時的照顧者沒能很好地提供你養分和情感反饋，我們的目的不是究責，而是了解自己成長的來龍去脈，理解自己成長的困境，這才是我們探索的意義。

第二節／分裂感

「好」和「壞」怎麼會同時存在

　　在嬰兒的世界裡，人和事往往是黑白分明的，但當我們長大成人後，會開始認識到好人也可能做壞事，壞人也可能發善心。然而現實是，很多人明明年紀相當大了，但仍舊用非黑即白的方式看待周遭的人和事。當所處的環境總是有很多灰色地帶的時候，就很容易產生「分裂感」，以致於進退兩難。

　　我們還會經歷的一種分裂感是，需要做一個決定時，腦子裡常常有兩個聲音在打架。比如面對一個不適合自己的交往對象，心裡有個聲音會說：「遇到這種情況趕緊分手就對了，還拖著幹嘛？」但另一個聲音可能說：「你自己也有問題，不全是對方的錯，也許你之後再也找不到對象，要孤獨終老了」。

　　以心理學角度來看，「分裂感」就是當「好」和「壞」共存時，個體無法融合和整合的一種狀態。當這種狀態出現

的時候，我們會感覺到輕則糾結、選擇困難，連小小的決定都無法做；重則撕扯，使得生活停滯不前、原地打轉、常常懷疑自己、懷疑人生。

為什麼我感覺不到自己的完整

　　一般來說，「分裂」在心理發展過程中是正常出現的自我保護功能，透過「幻想」來實現。比如小時候看的童話故事，常常有「王子和公主從此過著幸福快樂地的日子」的結局，於是我們幻想王子和公主不會吵架，再也不會遇到壞人，也不用為生計擔憂。再比如，戲裡扮演壞人的演員，如果演技太過於出眾，可能導致觀眾無法將演員本人和角色分開，認為本人也和戲裡一樣惡劣，在現代互聯網如此發達的現在，群眾的非理性幻想甚至發酵到上網開罵演員的程度。

　　我們為什麼這麼害怕把好和壞同時放在一個人身上呢？因為這個過程會帶來混亂和危險，而人們傾向穩定的可預測性。比如我們看見一條蛇，大部分人的本能是想逃跑，因為萬一被咬，可能會因為毒液進入身體而一命嗚呼。但如果看見一隻小兔子，很少有人拔腿就跑，反而會稱讚很萌很可愛。當我們和人相處的時候，明明知道人比動物複雜多了，

卻還是希望人如果也能這麼簡單地進行分類和判斷就好了。就好比結交新朋友，會希望對方永遠不要背叛自己，甚至有些人真的認為只要做了朋友，就「不應該」發生背叛的事情，因為那讓人不能接受，同時很難理解。又或者談了一段戀愛，就認為不管發生什麼事，都應該相愛終身、白頭偕老，一旦這個願望被打破，就會產生對於人生和這世界的懷疑。這樣的時刻在生活中想必有很多，這些就是我們經歷的「分裂時刻」。這種不完整感的原因就在於面對「不應該的時刻」和「分裂時刻」當下，人是無能為力的，我們沒學習過在這樣的情況下該怎麼做？自我的完整並非像身體器官一樣與生俱來，相反地，人剛來到這個世界的時候，本來就是不完整的。「自我」起初只是一個待發育的、未破殼的蛋，這個自我之芽需要父母的呵護和滋養才能順利孵化。接下來，讓我們一起回顧這個過程，重新經歷自我的再次塑造。

媽媽是人生的第一面鏡子

在你小的時候，可能有很多人照顧過你，爸爸、媽媽、爺爺、奶奶、外公、外婆、其他親戚、鄰居、保姆…等，唯獨媽媽的角色幾乎是無可取代的，她和你的互動會產生不可

估量的影響，甚至可以說媽媽是你在這個世界上的第一面鏡子。這其中有無法忽視的生物性因素，使得母親這個角色在客觀上具備更多和嬰兒之間的天然羈絆，比如母乳餵養、乳房的肌膚接觸、母親的激素變化…等。嬰兒會在沒有任何認知和教育訓練的情況下，自覺主動地去尋找母親的乳房，來獲得營養和情感上的慰藉；另一方面，母親也會在較高的雌性激素、孕激素和催乳素…等多種激素的刺激下，積極回應嬰兒的需求，使其更容易與嬰兒建立連結。

　　但是生物性無法控制一切，不同的母親對於嬰兒的回應程度和回應方式有所不同，成熟的人自然會對媽媽的照顧有著成熟的評價和判斷，但是嬰兒的判斷卻是非黑即白。如果媽媽總是回應自己的需求，就會被嬰兒認為是「好媽媽」；如果媽媽有時候沒回應自己的需求，或者用自己不喜歡的方式對待自己，就會馬上被嬰兒認為是「壞媽媽」。甚至在嬰兒期發展階段，嬰兒竟不認為這兩個媽媽是同一個媽媽，沒有辦法把兩種評價和看法同時放在一個人身上。

　　這種看似不可思議的現象，其實就是我們前面講的「保護機制」。在嬰兒享受好媽媽的照顧時，一切都是完美的，那麼當「壞媽媽」的行為出現時，嬰兒會覺得破壞了之前的

美好和安全感，要找一個理由來解釋這種破壞性的恐懼和不安，於是乾脆把沒有滿足自己需求時的媽媽判定為另一個人，這樣依舊能在自己的幻想裡獲得一位完美的好媽媽。甚至有的嬰兒對「壞媽媽」的行為會更具攻擊性，比如下班後的媽媽過來想抱自己，有的嬰兒因為一整天都沒看到媽媽，會對媽媽拳打腳踢，想用這種方式來懲罰這個「壞媽媽」。

英國心理學家溫尼考特把這個狀態稱為「全能幻想（Omnipotent fantasies）」。想像一下，若回到嬰兒的時候，我們和外面的世界沒有什麼真實聯繫，如圖1-3，沒有辦法像一個成人一樣去探索這個世界，我們只能躺在那兒，手舞足蹈就是唯一能做的事情了。在這種探索世界的資源極端缺少的情況下，我們就會創造出一個世界，這個創造的過程所能依賴的就只有主觀體驗和幻想了。比如饑餓，能讓嬰兒相信一些事情是真實存在的，一旦這個需求產生之後，就會幻想有一個人像變魔術般地實現這個期望。當嬰兒得到媽媽的母乳餵養時，這種幻想就成真了，這時的媽媽就被嬰兒當成一位「好媽媽」。

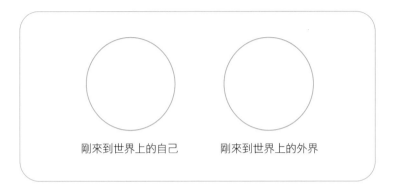

圖1-3 自己和世界完全分離

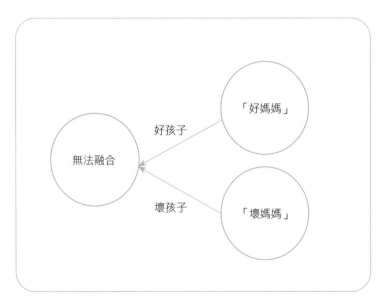

圖1-4 「好媽媽」VS「壞媽媽」

　　如果不理解這其中的秘密，嬰兒的行為就很容易被誤解，被貼上「壞孩子」的標籤，那麼「壞媽媽」和「壞孩子」就可能在家庭裡形成一個惡性的互動迴圈，加劇這種充滿恐懼和不安的關係，進而失去看到「好媽媽」和「好孩子」的機會，也就是建立安全關係的機會，如圖1-4。一旦知道這個秘密，我們就不會這麼簡單地看待這件事情了，那麼如何和還不會說話的嬰兒進行溝通？那就是透過滿足他們的幻想來實現一種「對話」。在他們只會用哭喊表達自己需求的時候，以媽媽為中心的照顧團隊就要盡可能地配合這種對話，並且要允許嬰兒的幻想產生和發展，盡量少讓嬰兒經歷一下這樣、一下那樣的不穩定和不可預測的分裂感。讓嬰兒去經歷一段時間的「全能幻想」，這樣就能讓一個生命在最早期的時候，感受到自己的完整了。

　　還沒有學心理學之前，我也很難想像在一個還不會走路和說話的小嬰兒的腦袋裡，竟然有這麼複雜的精神世界，我也曾把他們當成不需要太多思考如何跟他們相處的小動物。但事實並非如此，我現在也會想像曾經處於那個階段的自己明明有這麼多想法，卻沒有合適表達方式的無助感。這就是我們理解自己的開始，哪怕距離那段時間已經很遙遠，我

們仍然能找到溝通的方式，這種溝通就是重新認識自己的方式。

完美的家庭也會有創傷

　　精神分析流派的始祖西格蒙德・佛洛伊德曾說，即使成長在完美的家庭裡，也難免會經歷創傷。怎麼會這樣呢？那豈不是每個人都在成長過程中經歷過創傷了？嚴格定義的話，是沒錯的。我剛開始學習心理學的時候，面對一個個案例，我總是下意識地先去找這個人的家庭裡到底出什麼問題，如此就能解釋一個人為什麼會成長為現在的樣子，為什麼會有現在的問題？這在研究心理學的初期確實是有效的。比如一個有強迫傾向的人，成長過程中總有一個強勢的、要求極端嚴格的爸爸或者媽媽；一個有邊緣傾向的人，小時候都有缺愛的經歷，父母很少給予情感上的滿足；一個有討好傾向的人，在家庭中很少受到重視，總是渴望向外界證明自己，得到認可…等。

　　但更加深入研究心理學之後，**我發現每個人格的成長經歷都是複雜的，沒有辦法真正地一一對應，一個不夠完善的人格不一定就對應某種創傷，我們之所以成為現在的樣子，**

根本無法用一個原因來總括詮釋。更令我意外的是，很多人的原生家庭並沒有給他們帶來什麼嚴重的創傷。我不禁開始思考佛洛伊德的那句話：「有了自己的見解——創傷體驗是我們成長過程中不得不經歷的必然體驗，因為當我們面對未知的時候，創傷就已經產生了」。

沒有一個智慧之人或一本人生教科書，能準確告訴我們完美人生是怎樣的。人終其一生都在生物性和人性之間掙扎，在先天和後天之間尋找平衡，所以我們人生的底色就是無法避免未知所帶來的創傷感。不少人會用這樣的句子來調侃自己的身份，說：「我也是第一次做爸爸（媽媽）」或「我也是第一次做孩子」。這樣的玩笑話揭露了一個非常深刻的哲學核心，那就是當我們成為第一次體驗的角色時，就決定了我們要面臨挑戰，而挑戰就意味著超出了可預見的能力範圍，這其中必然會有挫折和失敗。

媽媽在所有照顧者中的角色非常重要，在嬰兒還無法融合「好媽媽」和「壞媽媽」的時候，當然要盡力而為，更多地為嬰兒提供「好媽媽」的體驗，但多好的媽媽才足夠呢？精神分析流派的溫尼考特提出了「足夠好的母親」的概念，用來描述為使嬰兒獲得好的生活開端而提供充分滿足的父

母的作用。一個足夠好的母親會適時調整自己的照顧方式，以適應嬰兒需求的變化，並且有一個非常了不起的技能，那就是「原始母愛的全神貫注」，是母親領會嬰兒需求的一種狀態。這種狀態需要母親緊緊跟隨著嬰兒的需要，就像是她自己的一部分需要一樣。但是這個過程不是無限度持續下去的，當嬰兒在這種安全的、足夠好的環境中慢慢成長後，媽媽就需要慢慢減少這種依賴，最典型的例子就是「斷奶」。

　　醫生會建議母親在嬰兒8個月至1歲之間斷奶，超過這個時間，反而會影響嬰兒的身體發育。心理學家同樣也很重視斷奶過程。我在斷奶時期發生一個有趣的故事，父母到現在還常常拿出來重溫。我剛學會走路的時候，大概是1歲多，父母決定讓我斷奶，這個過程我不記得了，根據父母的描述，我有點不適應，在院子裡轉來轉去，結果一屁股坐在仙人掌上。他們哭笑不得，幫我拔掉一根根在屁股上的仙人掌刺，但也沒有因此心軟而延遲我斷奶的時間。雖然在斷奶過程經歷一些小插曲，可能有些嬰兒的反應更強烈一些，但這就是必須經歷的過程，家長要做的不是延遲這個時間，而是一起陪伴嬰兒渡過這個時期，讓嬰兒感受到獨立性的同時，也能夠感覺到信任和支援。

　　相反地，在嬰兒開始培養獨立性的時期，如果繼續依賴母親過度的照顧，會延遲孩子的心理成長。一旦形成這種依賴模式，等母親真的覺得嬰兒應該長大成人的時候，就有點晚了。在網路上也常聽到這樣的事情，父母禁止孩子在18歲前談戀愛，但過了18歲或者上大學後就馬上幫孩子找結婚對象。這其實就是一種教育的誤區，真正的獨立性應該是從嬰兒剛出生時，就有意識地慢慢培養，並非以18歲為絕對界限，無法想像一個人昨天還是孩子，今天就奇蹟般地長大成人了。

　　在「足夠好的母親」這個概念中，還有一個小細節不能忽略，溫尼考特提出這個概念時，特別強調是「父母的作用」，並非指「媽媽一個人的作用」。那麼，父親該是怎樣的角色呢？他必須有「輔助支援的作用」，我很喜歡用「助理」這個概念去解釋這種需要配合的關係，母乳餵養自然會受到生理構造的限制，父親無法替代，但是父親要做好媽媽照顧嬰兒時的助理，幫她分擔一些力所能及的瑣碎事情，以及情緒上的照顧。甚至可以簡化為，媽媽照顧嬰兒、爸爸照顧媽媽，這便是一對「足夠好的父母」了。即便如此，創傷仍舊在所難免，父母無法預料一切，也無法永遠待命，嬰兒

總會經歷一些無助的時刻。所以，有創傷的人生並不是例外的、不幸的人生，是我們每個人都會經歷的人生。只是有些創傷太大、太痛，我們還沒有找到理解和消解的方式，在接下來的內容將繼續慢慢探索，我相信大家會有自己的答案和方式。

方法工具箱：分裂時刻、斷奶訪談、融合練習

1.分裂時刻

找出對你來說最不能接受的三個「不應該時刻」，比如前文提到的「朋友就不應該背叛」、「伴侶就不應該分開」…等這類不應該規則，這些時刻代表著你最分裂、最不能融合的核心部分。想要逐漸變成完整的自己，關鍵是找出你在什麼地方是不完整的。

2.斷奶訪談

和父母做一個簡單的訪談，詢問和確定與斷奶相關的一些重要資訊，可以幫助我們了解最初的獨立性和完整性是否建立起來。

（1）提問內容

問題1：我在幾歲斷奶的？

問題2：我斷奶的時候，有什麼不適應的表現嗎？

問題3：當我有不適應的表現時，你們是如何處理和應對的？

（2）訪談資訊思考

完整性起點的順利建立：如果你在1歲左右開始進行斷奶，當出現不適應表現的時候，父母用包容和支援的方式陪伴你度過這個過程，那麼你的獨立性和完整性起點的建立就是不錯的。

完整性起點的延遲建立：如果你在2歲後還未斷奶，而且由於父母不知道怎麼處理你在斷奶過程的不適應表現，所以進行延遲斷奶，那麼可能會影響完整性開始建立的時間點，嬰兒對家人的依賴或許會增強，成人後無法順利地開始獨立生活；如果斷奶並未延遲，但是父母面對你不適應的表現是苛刻嚴厲的，那麼可能會增加你的不安全感（關於安全感，將在本章第三節討論）和對於自我完整性的懷疑。

完整性起點的過早建立：如果你斷奶的時間過早，10個月之前就斷奶了，可能會影響你和家人的基本親密度，距離感比較強，不容易親近。

3.融合練習

蒐集到「分裂時刻」和「斷奶時刻」的資訊後，就可以進行基礎的融合練習了，開始試著體驗重新塑造我們融合的過程。雖然我們在嬰兒期錯過了這個融合的起點，但並不是無法補救的，仍能進行類比和再次學習，最終實現自我的完整性。

（1）鎖定分裂時刻

從第一步的分裂時刻當中選出一個時刻，作為進行融合練習的目標。以我自己來說，「別人不應該拒絕我的請求」是我之前很長時間的一個分裂時刻。因為我很少向別人提出請求，除非在不得已或者沒有辦法的情況下才會發出請求，所以在我的規則裡會覺得：「我已經這麼困難了，而且提出了並不過分的請求，為什麼還會有人拒絕我呢？」每當這個時候，我就會陷入一種二元對立的狀態中，我會認為拒絕我的人在這個時刻都瞬間變成了「壞人」，哪怕是好朋友也一樣，一旦找出這個時刻，就意味著你完成了這一步。

（2）建立和「好媽媽」、「壞媽媽」的聯繫

當我們很容易把外界的人和事用非黑即白的方式去看

待的時候，很可能是因為在家庭的成長中，你感知父母處在「好媽媽」狀態的比例總是無法滿足你的需求。也許是父母的確失職，也許是父母在自己的能力範圍內已經足夠盡力，只是和你的需求出現落差。不管是哪種情況，我們都不把注意力放在對誰的怪罪上，而是客觀理解這其中的因果關係。只有建立了這種以理解自己為目的的聯繫，我們才能真正長大，否則會一直陷在某種缺失中無法動彈。

（3）主動斷奶

如果總是把各種「不應該」的規則抓得死死的，其實就是一種對缺失的需求渴望被滿足的無自我狀態，是一種拒絕長大的表現。你希望世界按照你制定的規則運轉，就像在嬰兒期，你希望照顧自己的總是「好媽媽」一樣，能滿足自己所有的願望，否則就是「壞媽媽」。不用強迫自己長大，不用強迫自己斷奶，但你需要知道的是，現在生活中處處感受到「不完整自我」的狀態是因為自己還不想長大，還不想斷奶。你可能害怕自己一旦決定嘗試用成人的方式來處理問題，就會失去小時候自己真正想要的東西。

這其實是個誤會，因為愛的形式已經發生了變化，在你還是嬰兒時，你能夠感受到的愛是「滿足自己的一切需求」

。隨著年齡的增長，愛會逐漸變成「幫助你獨立」、「幫助你有自己的主見和想法」、「幫助你學會承擔責任」…等。如果你將愛囚禁在嬰兒般的唯一定義裡，你的自我也就沒有機會發展，分裂時刻是必然的結果，但不是你獲得愛的正確方式。

　　這一切都不必著急，如果現在還沒有完全做好準備，也不用強迫自己改變一直以來習慣的方式。你要做的只是理解自己就好，然後慢慢等待自己做好準備長大的時刻。

第三節／安全感

普通的生活卻成了戰場

　　沒有安全感，我們就「不敢」做任何事情。像是不敢在課堂上回答問題、不敢在工作中表達想法、不敢靠近喜歡的人、不敢在感情中做自己，不敢面對未知和迎接挑戰…等。在這無數的「不敢」源自於這世界對我們來說是充滿危險的陷阱，似乎每走一步都有掉進深淵的可能。

　　安全感全部喪失的人是什麼狀態呢？我第一反應想到的是在戰爭中倖存下來，但患上創傷後壓力症候群（PTSD）的老兵。他們在戰爭中需要時刻保持警惕，不然下一秒死的就是自己，他們就是靠著這種極端的敏感度倖存下來的，但當他們回到正常的生活中，反而成了另一種「殺手」。如果有人從後面拍他們，想跟他們打招呼，可能會被誤認為是敵人，然後被誤傷；如果有陌生人快速地從身邊跑過，其他人都可以若無其事，但是他們可能會迅速想找地方躲起來，以為有人襲擊自己；如果大街上有什麼大的聲響，比如年節時

的鞭炮聲，可能會讓他們心跳過速，難以承受…等。

　　這些並不只是老兵才會經歷的，當普通人處於無安全感的狀態時，就好似生活在一場無形的戰爭中，處處都是危險。正如我開頭所說，一旦沒有安全感，在學校、公司、家庭都會產生激烈反應，有些危險是真實存在的，但更多時候是我們曾經歷的創傷所留下的幻影，把原本沒有危險的生活改造成戰場。

安全感就是健康的自戀

　　我們常常把「自戀」當成貶義詞使用，以自戀形容一個人的時候，大概是想說這個人過分關注自己，無法客觀地看待自己，自戀的狀態似乎是令人反感的。但在心理學中，自戀其實是一個中性詞，是描述對自己的一種依戀狀態，不過的確有「健康的自戀」和「不健康的自戀」之分。

　　健康的自戀是這種狀態：首先，你能感受到自己的存在，不會覺得自己是可有可無的透明人；其次，你有一些自己的規則，用來判斷人際關係和生活的環境；最後，當你的存在遇到一些挫折或者困難時，可以依靠自己的規則來應對，並且你喜歡和相信那些規則對自己是有好處的，能讓你

更好地生活。同時你也喜歡和認同自己這樣存在的狀態，進而認可、依賴。

　　不健康的自戀是這種狀態：首先，你有時覺得自己卑微到如同塵埃，即使從這個世界上消失也沒關係；但有時你又覺得自己是世界的中心，只有你的事情最重要、比天還要大，眼中裝不下任何人。其次，你常需要依賴別人的規則來幫你做判斷、做決定。在學校裡，老師就是絕對的權威；在工作中，老闆是絕對的權威；在感情中，伴侶是絕對的權威，如果沒有他們的存在，你不知道自己應該做什麼。但也有完全相反的狀況，也就是老師、老闆和伴侶都是你的工具人，你毫不在意他們怎麼想的、有什麼感受，只要實現你的目標就可以了。最後，當你遇到困難的時候，你的第一反應是慌張、迷茫，要嘛趕緊抱住身邊的人當你的浮木，要嘛直接犧牲掉你的工具人，不承擔任何責任。

　　「安全感」其實是一種健康的自戀狀態，就算自己一個人也可以依賴自己的安心狀態。聽起來，安全感是一種自我給予的感受，對成年人來說的確如此；但我們還是嬰兒時，這個安全感是無法提供給自己的，需要依賴當時環境以及照顧我們的人。怎麼樣的照顧才能讓嬰兒產生原始的安全感，

在前兩節中都有討論，這裡我們再回顧一下。

　　在1歲左右斷奶前的時間，是我們幾乎需要完全依賴外界以獲得安全感的階段，我們所有的生活需求都用哭喊的方式來尋求外界理解，比如饑餓、排泄…等。在這個階段，我們期待餓了就能馬上吃奶，排泄了馬上就有人來清乾淨，如果大部分情況下，這些需求都被很好地照顧到了，那麼原始的安全感也就形成了，偶爾沒有被滿足的情況，雖然會讓嬰兒經歷一定的負面體驗，但並不會影響安全感的建立。如果這個階段的安全感初始值比較高，即便後來會經歷斷奶、跌倒、尿褲子…等早期挫折，心理也不易受到傷害，能更好地進入獨立階段。

我屬於什麼類型的安全感

　　「自戀」來自「他戀」──如果沒有人為你展示「戀」是什麼，你是不明白的；如果你最信任的人告訴你「戀」是什麼，同時不斷用行為告訴你，你很容易就相信了，並且認為那就是自己的位置。所以安全感最初的來源就是和親近的人（大部分時候是母親，以下都用母親代稱）的依戀模式，比較經典常見的是四種模式，分別為安全型依戀、迴避型依

戀、焦慮型依戀和混亂型依戀。

安全型依戀（Secure）：這類嬰兒和母親在一起的時候，感到非常安心和舒心，但不會總是依賴和母親的互動，可以自得其樂。當母親離開時，會表現出明顯的苦惱，但當母親回來時，也會立即尋求和母親的接觸，並且能很快回到安心和舒心的狀態。

迴避型依戀（Insecure-avoidant）：這類嬰兒在母親靠近或離開的時候，都不會有強烈的互動興趣。當母親靠近時，他們可能不予理會或者短暫接近又離開，甚至可能有忽視或躲避行為；在母親離開時，也不會有明顯的緊張或憂慮，就好像母親和陌生人沒有差別。

焦慮型依戀（Insecure-ambivalent）：這類嬰兒對母親的離開會有強烈的反抗情緒，母親回來時也會尋求和母親的接觸，但同時出現反抗的情緒，無法快速被安撫，很難回到舒心和安心的狀態。

混亂型依戀（Insecure-disorganized）：這種依戀類型的不安全程度最高，多有被虐待或被忽視的經歷，這類嬰兒會對母親持續表現冷漠。

除了第一種屬於安全型依戀（人群中佔比約63%）之

外，迴避型（20%）、焦慮型（13%）和混亂型（4%）都代表著不同類型的不安全依戀。這讓我想到在學習家庭治療的時候，課本裡有句令我印象非常深刻的話：幸福的家庭是相似的，不幸的家庭各有各的不幸。後來我才知道這是列夫・托爾斯泰所著《安娜・卡列尼娜》中的名句，在不斷累積的諮詢經驗中，我對這句話的體會越來越深了。

　　如果我們把幸福視為等同擁有安全感，那麼在腦海中勾勒出一個幸福的人的樣子可能非常相似──和喜歡的人在一起能表達自己的愛，遇到挫折時也會互相溝通支援、共同努力解決；如果因為一些原因分開，雖然會痛苦和難過，但仍舊是一個完整的人，不會因為一個人的離開就變得支離破碎。就像小時候對待母親離開的方式一樣，長大後面對相似情境時，也會因為自己的依戀模式而這樣應對。**這裡頭傳遞了一個重要訊息，那就是在很小的時候所表現出來的依戀模式，在成人後也會以大人的方式顯露出來。內在核心沒變，變的只是依戀的人和相關的事。**

　　安全型依戀（Secure）：安全型的人和別人表示親密並不覺得困難，既不擔心被別人拋棄，也不擔心別人和自己太過親密；既能安心地依賴別人，也能夠讓別人依賴自己。

焦慮型／癡迷型依戀（Preoccupied）：焦慮型的人有自己偏好的依戀方式，如果別人不按自己期望的方式表達親密，就會感覺不舒服。可能還會經常擔心伴侶是不是真的想和自己在一起、擔心被拋棄。如果試圖和伴侶非常親密，有時太過強烈的程度會嚇跑別人。

疏離／迴避型依戀（Dismissive）：迴避型的人和別人表示親密時，會覺得有些不舒服、不能完全相信和依賴別人。當別人和自己太過親密的時候，也會變得非常緊張；如果別人要求自己表現更親密些的時候，也會感到不自在。

恐懼／混亂型依戀（Fearful-avoidant）：這是一種複雜的依戀類型，處在這種狀態中的人同時期待親密但又心生恐懼。內心希望有人喜歡自己，但真的被表白的時候，可能會被嚇跑。但是對方如果後退，他們可能又會變得積極熱情起來，就這樣來回拉扯，處在一種沒有頭緒的混亂之中。

一般來說，沒有人完全吻合其中某一種類型，大部分都是有某些明顯傾向，但會和其他類型有交集或者呈現出混合狀態，所以不必糾結自己屬於哪種類型。如果實在分不清，可以直接參考圖1-5進一步了解，你只需要去看兩個維度：焦慮程度、迴避程度，可在座標軸上找到自己的位置，就能很

清楚知道是哪種類型。比如你特別擔心被拋棄，但又不迴避親密，那就是癡迷型；若特別擔心被拋棄，但又不是特別喜歡親密，那就是迴避型。

圖1-5親密關係類型圖譜

了解自己是什麼類型的親密關係模式後，一方面能幫助你理解有時候反覆無常或者莫名其妙的行為，畢竟持續處於混亂狀態對心理能量必然是種消耗，所以即便暫時還不能解決一個問題，但知道問題的核心和本質是什麼，我們的內心就會安定一些。另一方面則能幫助你理解自己的伴侶和你所處的關係狀態，**很多親密關係中的矛盾和問題，並非「哪邊不好，改了就行」這麼簡單，只有意識到問題的根源，才能夠理解有些問題不是一朝一夕就能改變的，因為那代表著對於一個人徹底的顛覆。**希望這種理解能讓你自己或者感情生活多一些自我支援和互相支援，「解決」是一個很遙遠的目標，而「理解」近在眼前，帶著問題生活並學會掌控它，而不是消滅問題，是我更宣導的一種生活方式，才是真正的自我接納。

「月亮繞地球」保護法

無論是什麼類型的依戀狀態，我們想要的安全感差異並沒有那麼大，我把這種適用於各類型嬰兒的保護方式稱為「月亮繞地球」保護法。在天文學發展初始，人類曾天真地以為自己生活的地球就是這個宇宙的中心，不管是太陽還是月

亮，都是圍繞地球轉，為我們提供能量。但後來我們知道，地球只是宇宙中無數星球中的一顆，我們都圍繞太陽轉，只有月亮一直跟隨我們。這過程很像一個人的成長過程，起初我們認為自己就是世界的中心，所有人都該圍著自己轉，那麼最好建立安全感的方式就是滿足這一點。

在嬰兒期，這個需求是最強烈的，所以媽媽在嬰兒出生的第一年最感覺辛苦，要時刻圍繞嬰兒打轉。**這個時候，整個家庭要把媽媽當成中心，所有的家庭成員都要分工協助，這樣就形成了一個非常穩固的「嬰兒中心──媽媽中心──家庭支持系統」。**

但想實現這個系統，並非僅是一個家庭的責任，來自社會的現實壓力在很大程度上阻礙了它的完善，比如女性生育後重回職場的問題，以及傳統文化中還未完全消除的性別地位問題…等。一方面承受來自職場的壓力，讓媽媽不敢安心地陪嬰兒渡過最重要的第一年；另一方面，「沒有工作」在很多人眼中仍舊被認為是對家庭沒有貢獻的表現，所以很難獲得其他家庭成員的全力支援，反而變成了一個人的責任和負擔。常聽到的理由往往是「妳什麼都不用做，就在家帶小孩而已，有什麼好累的，還需要什麼幫忙？」但這真是對照

顧者最大的誤解。如果想要給嬰兒營造一個「月亮繞地球」的保護成長系統，那就意味著你的注意力是隨時待命的狀態。接下來，我透過真實個案描述一下1歲左右的嬰兒在這種保護系統中的畫面：

　　我有個好朋友是我的同科系同學，她有一個1歲多的女兒，小名叫豆豆。她也跟我一樣喜歡把心理學運用在生活裡，於是她在孩子出生前翻出了我們曾經讀的《發展心理學》的課本重新複習，準備在孩子成長過程中用最適合孩子心理狀態的方法來陪伴她。有一天我去她家裡做客，我觀察她和嬰兒的互動方式，就是「月亮繞地球法」的實踐版。因為她那時全職照顧豆豆，而我也工作繁忙，兩人很久沒見了，心裡有很多話要說。我們說話的時候，豆豆就自己在床上爬來爬去，我朋友的眼神幾乎一直在豆豆身上，哪怕是跟我說話的時候，她立即發現豆豆快爬到床邊了，就瞬間把豆豆抱回來。豆豆有時候爬得無聊了，也會靠近我們，想找她媽媽，看她有沒有關注自己，這個時候我朋友一定會積極地回應她。

　　這個過程描述起來很簡單，實際操作卻不容易，媽媽的社交生活顯然會受到影響，就算是在家聊天，也不可能是完全專心的，畢竟她現在是圍繞著豆豆這個小地球的月亮媽媽。人生在某個階段總有不同的優先順序，我朋友在現階段得以孩子為第一順位，她也很開心我成為她的支持系統，即使她沒辦法很專心地跟我說話，但我也表示極大的理解，並且認為這已經是她能做的最大努力了，而且不介意我看到她蓬頭垢面的樣子，對於有豆豆之前的她來說，是難以想像的。就在我們聊天的過程中，她的先生剛好回家，而我正好也有機會觀察到他們的「嬰兒中心──媽媽中心──家庭支持系統」。

　　她老公進家門後，馬上就接手哄豆豆的責任，把豆豆帶到別的房間玩，讓老婆好好享受一段跟朋友相處的時光。沒多久，豆豆的爺爺奶奶還為他們帶來晚飯，由於住得很近，爺爺奶奶平時也常來照顧夫妻倆的生活，為兒女減輕一些負擔。他們不會要求全職帶孩子的她承擔所有家事，也理解她老公在外奔波的辛苦。看到這樣的畫面，我真是打從心底替豆豆感到幸福，在這樣的家庭中成長，想不幸福都難。這也一直是我堅持做科普的意義，**我希望更多曾經歷過家庭創傷的孩子都能夠學**

會理解自己的經歷，然後學習成為自己理想中的家長，在和下一代關係重塑的過程中也治癒自己。這個方法在後面的人生階段中還會繼續發揮重要的作用，在這階段的解讀就先到這裡，接下來使用問卷來看看你的安全感程度。

方法工具箱：安全感自檢手冊

安全感常常被提起和討論，但安全感不能簡單地用「有」或者「沒有」來評價。安全感在生活中究竟是怎樣的表現？我們的不安是否真如自己假設的那般強烈？也許這個自檢手冊能協助你找到答案。

馬斯洛《安全感──不安全感問卷》

臨床心理學家馬斯洛（A.H.Maslow）結合自己的臨床實踐，編製了《安全感─不安全感問卷》。一共75個題目，大家可以找一個安靜的地方，帶著平靜的心情，花10分鐘時間完成。

請在能夠代表你第一反應的圓圈裡打勾作答，選擇最符合你情況的一項。如果實在不好回答，可以選擇「不清楚」的選項，以下題目均為單選題。

1.我通常更願與別人待在一起，而不是一個人獨處。

○是○否○不清楚

2.在社交方面我感到輕鬆。

○是○否○不清楚

3.我缺乏自信。

○是○否○不清楚

4.我感到自己已經得到了足夠的讚揚。

○是○否○不清楚

5.我經常對世事感到不滿。

○是○否○不清楚

6.我感到人們像尊重他人一樣地尊重我。

○是○否○不清楚

7.一次窘迫的經歷會使我在很長時間內感到不安和焦慮。

○是○否○不清楚

8.我對自己感到不滿意。

○是○否○不清楚

9.我通常不是一個自私的人。

○是○否○不清楚

10.我傾向透過逃避來避免一些不愉快的事情。

○是○否○不清楚

11.當我與別人在一起時，我也常常會有一種孤獨的感覺。

○是○否○不清楚

12.我感到生活對我來說是不公平的。

○是○否○不清楚

13.當朋友批評我時，我是可以接受的。

○是○否○不清楚

14.我很容易氣餒。

○是○否○不清楚

15.我通常對絕大多數人都是友好的。

○是○否○不清楚

16.我經常感到活著沒意思。

○是○否○不清楚

17.我通常是一個樂觀主義者。

○是○否○不清楚

18.我認為我是一個相當敏感的人。

○是○否○不清楚

19.我通常是一個快活的人。

○是○否○不清楚

20.我通常對自己抱有信心。

○是○否○不清楚

21.我常常感到不自然。

○是○否○不清楚

22.我對自己不是很滿意。

○是○否○不清楚

23.我經常情緒低落。

○是○否○不清楚

24.我與別人第一次見面時，常常感到對方可能不會喜歡我。

○是○否○不清楚

25.我對自己有足夠的信心。

○是○否○不清楚

26.我通常認為大多數人都是可以信任的。

○是○否○不清楚

27.我認為，在這個世界上，我是一個有用的人。

○是○否○不清楚

28.我通常與他人相處得很融洽。

○是○否○不清楚

29.我經常為自己的未來發愁。

○是○否○不清楚

30.我感到自己是堅強有力的。

○是○否○不清楚

31.我很健談。

○是○否○不清楚

32.我感覺自己是別人的負擔。

○是○否○不清楚

33.我在表達自己的感情這方面存在困難。

○是○否○不清楚

34.我時常為他人的幸運而感到欣喜。

○是○否○不清楚

35.我經常感到似乎遺忘了什麼事情。

○是○否○不清楚

36.我是一個比較多疑的人。

○是○否○不清楚

37.我通常認為這個世界是一個適於生存的好地方。

○是○否○不清楚

38.我很容易不安。

○是○否○不清楚

39.我經常反省自己。

○是○否○不清楚

40.我是按照自己的意願生活，而不是按照其他人的意願生活。

○是○否○不清楚

41.當事情沒辦好時，我為自己感到悲哀和傷心。

○是○否○不清楚

42.我感到自己在工作和職業上是一個成功者。

○是○否○不清楚

43.我通常願意讓別人了解我究竟是一個怎樣的人。

○是○否○不清楚

44.我感到自己不能很好地適應生活。

○是○否○不清楚

45.我經常抱著「橋到船頭自然直」的信念而堅持將事情做下去。

○是○否○不清楚

46.我感到生活對我來說是沉重的負擔。

○是○否○不清楚

47.我被自卑所困擾。

○是○否○不清楚

48.我通常自我感覺良好。

○是○否○不清楚

49.我與異性相處得很好。

○是○否○不清楚

50.在街上，我曾因感到人們在看我而煩惱。

○是○否○不清楚

51.我很容易受傷害。

○是○否○不清楚

52.在這個世界上，我感到溫暖。

○是○否○不清楚

53.我為自己的智力而憂慮。

○是○否○不清楚

54.我通常使別人感到輕鬆。

○是○否○不清楚

55.對於未來，我隱約有一種恐懼感。

○是○否○不清楚

56.我的行為通常很自然。

○是○否○不清楚

57.我通常是幸運的。

○是○否○不清楚

58.我有一個幸福的童年。

○是○否○不清楚

59.我有許多真正的朋友。

○是○否○不清楚

60.在多數時間中我都感到不安。

○是○否○不清楚

61.我不喜歡競爭。

○是○否○不清楚

62.我的家庭環境很幸福。

○是○否○不清楚

63.我時常擔心會遇到飛來橫禍。

○是○否○不清楚

64.在與人相處時，我常常會感到很煩躁。

○是○否○不清楚

65.我通常很容易滿足。

○是○否○不清楚

66.我的情緒時常會一下子從非常高興變得非常悲哀。

○是○否○不清楚

67.我通常會受到人們的尊重。

○是○否○不清楚

68.我可以很好地與別人配合、協同工作。

○是○否○不清楚

69.我感到不能控制自己的情感。

○是○否○不清楚

70.我有時感到人們在嘲笑我。

○是○否○不清楚

71.我通常是一個比較難接近的人。

○是○否○不清楚

72.總體說來，我感到世界對我是公平的。

○是○否○不清楚

73.我曾經因懷疑一些事情並非真實而苦惱。

○是○否○不清楚

74.我經常受到羞辱。

○是○否○不清楚

75.我經常感到自己被人們視為異乎尋常。

○是○否○不清楚

表1-1 安全感——不安全感問卷計分説明

1Y	2Y	3N	4Y
5N	6Y	7N	8Y
9Y	10N	11N	12Y
13Y	14N	15Y	16N
17Y	18N	19Y	20Y
21N或？	22N	23N	24N
25Y	26Y	27Y	28Y
29N	30Y	31Y	32N
33N	34Y	35N	36N
37Y	38N	39N或？	40Y
41N或？	42Y	43Y	44N
45Y	46N	47N	48Y
49Y	50Y	51N或？	52Y
53N	54Y	55N	56Y
57Y	58Y	59Y	60N
61N	62Y	63N	64N
65Y	66N	67Y	68Y
69N	70N	71Y	72Y
73N	74N	75N	

計分說明：

Y=是，N=否，？=不清楚。

凡是選擇與上表中一致的計為0分，其餘的一律計為1分。將所有題目的得分相加即為最後得分。

0～24分：安全感充足。

25～30分：有不安全感的傾向。

31～38分：具有一定程度的不安全感。

39分以上：具有嚴重的不安全感，可能存在心理障礙。

對於具有安全感和具有不安全感的人，馬斯洛從14個方面進行了對比，詳見表1-2。

表1-2 安全感 VS 不安全感説明

缺乏安全感的人	具有安全感的人
（1）感到被拒絕、不被接受，覺得受冷落或受到嫉恨、歧視。 （2）感到孤獨、被遺忘、被拋棄。 （3）經常感到威脅、危險和焦慮。 （4）將世界、人生理解為危險、黑暗、敵意、挑戰，像一個充滿互相殘殺的格鬥場。 （5）將他人視為基本上是壞的、惡的、自私的或危險的。 （6）對他人抱以不信任、嫉妒、傲慢、仇恨、敵視的態度。 （7）有悲觀傾向。 （8）總傾向於不滿足。 （9）有緊張的感覺以及由緊張引起的疲勞、神經質的惡夢…等。 （10）表現出強迫性內省傾向、病態自責、自我過敏。 （11）有負罪和羞怯感，自我譴責傾向，甚至自殺傾向。 （12）被種種自我評價方面的情緒所困擾，例如對權力和地位的追求、病態的理想主義、對錢和權勢的渴求、對特權的嫉恨、受虐傾向、病態的柔順、自卑…等。 （13）不停歇地為更安全而努力，表現出各種神經質傾向、自衛傾向、逃避傾向、幻覺…等。 （14）自私，以自我為中心	（1）感到被人喜歡、被人接受，能從他人身上感受到溫暖和熱情。 （2）感到歸屬，感到是群體中的一員。 （3）有安全感，無憂無慮。 （4）將世界和人生理解為愜意、溫暖、友愛、仁慈。 （5）基本上認為他人是好的、善的、友好的、善意的。 （6）對他人抱以信任、寬容、友好、熱情的態度。 （7）有樂觀傾向。 （8）總傾向於滿足。 （9）有輕鬆、平靜的感覺。 （10）開朗，表現出客體中心、問題中心、世界中心傾向，而不是自我中心傾向。 （11）自我接受，自我寬容。 （12）為解決問題爭取必要的公平，關注問題本身而不是關注對方的人格。堅定、積極，有良好的自我評價。 （13）以現實的態度來面對現實。 （14）關心社會，樂於合作、善良、富於同情心。

第四節／信任感
對自己無條件的愛

　　一個人在世上誕生後感受到存在感，經歷從分裂到完整的過程，得到了無條件的安全感，那麼對這個世界、對世界上的人、對生活在這世上的自己，就產生了信任。很多人常說自己「沒自信」，追溯到源頭，其實就是「不相信自己」，也就是「沒有和自己建立一種信任關係」。信任感其實是由存在感、完整感、安全感共同組成的，那是不是可以像拼圖一樣，把它們串聯在一起，找到組成信任感的方式呢？

無法相信任何人，包括自己

　　我的童年並不順利，因為父母工作的緣故，總是和他們分分合合，光唸幼稚園就換過三個地方，在我模糊的記憶中，很早就有了「自己總是一個人」這個概念。按理說，孩子的「自我意識」其實在幼兒園時並不會明顯地發育，他們會覺得這個世界上的其他人，不管他們在哪個視角，

和自己看到的畫面都應該是一樣的，這就是著名的「三山實驗」——如果你讓一個剛上幼稚園的孩子和你玩個遊戲，桌子上有一個假山的模型，從不同位置去看，模型的樣子是不一樣的。讓孩子圍著假山模型繞一圈，看清楚不同位置的模型長什麼樣子，然後在一處停下，和你面對面站立，這時你問孩子：「你看到的和我看到的是不是一樣的呀？」孩子會納悶地回答「當然是一樣的」，而且會很疑惑你為什麼問這個問題。

　　如果不是在本科系實作課時親自經歷過和孩子的這個對話，我很難相信原來自己也曾在他們這樣的年紀，對這個世界的認知是這麼簡單。可惜我沒有這段記憶，有的是強烈的自我意識，是一種感覺自己和身邊的孩子不同的自我意識，感覺自己所想和別人所想有巨大差異的自我意識，這一切都與存在感、完整感和安全感這三個拼圖沒有在對的時間找到它們對的位置有關。

　　在完成這本書的同時，我也用自己給的練習題進行自我探索。對我觸動最大的是出生證明，我的奶奶在世的時候，曾在一次偶然機會給我看出生證明。那張紙皺巴巴的，上面有我的名字和出生日期，好像還有醫院的名字，其他記不清

了。當我回憶起那個畫面的時候，我感受到自己是真實存在的事實，而之前很長的一段時間裡，我似乎都是依賴外界反饋來感受自己的存在。

比如我很早就在網路上做心理科普，寫過文章、拍過視頻，除了我真的希望讓更多的人都能用心理學來了解和認識自己的動機之外，這也是我能夠感受到自己存在的方式。因為有人看到了我發出的聲音，而且給予回應。這就像前面提到的，你的啼哭是「向這個世界發出的信號」，透過外界幫你餵奶、換尿布，或逗你開心這樣的反饋來感受到自己的存在的。在我小的時候，並沒有得到過「月亮繞地球」般的呵護和保護，我常常被鎖在家裡，只有動畫片和我做伴，這對於一個正在建立對這個世界信任的孩子來說，是遠遠不夠的。所以我總是想把自己的想法分享給更多的人，似乎就是我在重新為自己塑造一個成長的機會，來彌補當初的缺失。

因為在生命之初，得到來自外界的親密對象強而有力的反饋太少了，所以長大過程中很難真正相信一個人，所有建立的關係都會隱約覺得是某種條件的交換才得以實現。比如老師喜歡我，是因為乖巧聽話；同學喜歡我是因為成績好，可以教他們功課，而諷刺的地方是：我並非時刻乖巧聽話，

也很少有同學來找我討論功課。這種有條件的喜歡其實是我的一種幻想，因為我沒有體會過「無條件的愛」是什麼樣子的，所以只能憑藉假設和猜測。當一個人總是用一種方式去做假設的時候，心理模式就產生了，而且一旦產生就無關乎事實究竟是怎樣，我們會被這種模式所控制。

比如你的伴侶只要不回你訊息，你就覺得對方是不是不愛你了；如果看到你的朋友和其他人在分享些什麼，你就覺得自己是不是要被拋棄了；你不能允許自己犯錯，只要犯錯就認為自己毫無價值可言…這些都是心理模式，某種被我們常常不假思索就相信的假設和幻想。人會這麼容易就被一個假設所左右，正是因為很難真的相信別人對自己的好意是不是有條件為前提。這裡並不是說所有人呈現的好意都一定是無條件的、真誠的，而是我們根本不相信這世界上有這樣的東西存在，那麼這時候可能會產生一個質疑：「難道所有人都在虛假地活著？還是我們的信任系統出現了問題？」如果能探索到這一步，改變就可能已經發生了，因為只有當你深信不疑地依靠幻想和假設來判斷世界規則產生鬆動，新的模式才有可能發芽。

方法工具箱：信任拼圖

　　想要找回信任感的方式，就是找到存在感、完整感和安全感這三塊拼圖，將它們拼在一起，如何實現這個過程呢？在圖1-6中，每個拼圖都留出了空白的位置，當你做書中練習題時，可以從生活中不經意的瞬間蒐集一些讓你感受到這些狀態的時刻，請記得把那個時刻寫在相應的碎片處。

　　比如我做出生證明練習的時候，感受到強烈的存在感，那麼我會把「出生證明」寫在左上角的位置。隨著這本書陪你不斷地深入探索，你一定會蒐集到越來越多這樣的時刻，當我們能用一個個真實發生的經歷和體驗填滿自身碎片時，那就是你一點一點找回信任感的方式。一個人的舊有模式很容易把他拉回到「過去的挫敗感」中，那是一種又熟悉又痛苦的感覺，它為人們帶來了糟糕的影響，但卻也是人們很長時間依賴生存的工具，熟悉就會帶來安全感。

　　所以我們需要這種方式，不斷提醒自己已經向前走過的路。在我的心理諮商工作中，常常需要提醒來訪者，他們其實對自己身上發生的美好視而不見和健忘。有位來訪者告訴我，她是怎麼第一次向人表達拒絕而且竟然沒有責怪自己，但是到了下一週的諮詢時間，她又會習慣性地說自己「不懂

拒絕，也不能接納自己」。這就是心理模式的慣性，你可能毫無察覺地多次掉進自己設置的陷阱中，所以你需要有一個人或者一種方法來提醒你改變的發生。信任拼圖就是我提供給大家的一種方式，也希望大家能夠發揮自己的創意，設計屬於自己的記錄方式，它將忠誠地陪伴你很長時間。

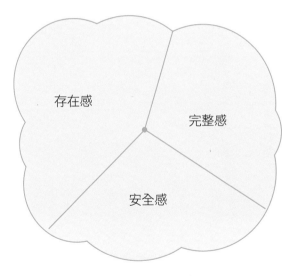

圖1-6 信任拼圖

　　本章，我們一起走過了人生最初的一年。對於這一年，我們幾乎沒有記憶，但我們卻可以透過很多方式再次穿越回那段時光，與自己互動和對話。自此，我們開啟了自我成長的篇章。客觀來看，時間無法重來，但心理成長卻可以脫離時間的維度，讓我們在人生的任意時刻，都能夠獲得嬰兒般的重生。

2

初現自我輪廓（1～3歲）
學會和內心的「小惡魔」相處

我偏愛淡色的眼睛，因為我是黑眼珠

我偏愛書桌的抽屜

我偏愛許多此處未提及的事物

勝過許多我也沒有說到的事物

——維斯拉瓦・辛波絲卡《種種可能》

這一章，將帶大家進入1~3歲的奇妙世界，我們經歷了和這個世界被動接觸的第一年之後，即將開始主動出擊了，透過探索這個世界，我們認識了自己。雖然很多人的記憶可能是模糊的，但也應該從家人那裡聽到不少關於自己那時期的故事。這些故事隱藏很多關於我們性格的秘密——自我是如何初步建立的？羞恥感從何而來？為什麼會自我懷疑？如何成為一個有主見的人？在這一章，我們將一一深入討論，獲得重新成長的機會。

第一節／探索欲
碰撞出自我的輪廓

　　每個人的人格輪廓都是和這世界的碰撞中逐漸形成的，你帶著好奇心探索到的邊界，就是你人格的邊界。但你不是獨自進行這個過程，你在探索的路上會聽到很多聲音，大部分來自你的父母或者其他常常照顧你的家人。所以，他們如何設計你的探索之路，將深刻影響你眼中自己的樣子，也就是自己是一個怎樣的人。探索欲的初現，就是自我形成的開始。成年人很喜歡待在自己的舒適圈裡，偶爾被刺激到了，就想跳出來挑戰一下自己，像是一種被迫的無奈之舉。但在我們1～3歲的時候，卻異常勇敢，從來不想安分地只待在舒適圈裡，而是喜歡到處摸索，看看有什麼新鮮的事物。這個舉動意義非凡，表面上我們只是到處瞎玩，但我們其實是探究一個很深刻的問題——這些新鮮的事物和我的關係究竟是什麼？

世界很大，都是我的

大部分的嬰兒在1歲左右，都能成功從俯身爬行過渡到直立行走，我們在上一章第三節講到安全感的時候，分享過「月亮繞地球」式的保護法，其中提到我們用爬行探索周圍環境時的心路歷程。嬰兒爬行的時候，已經不滿足於自己所處的三尺天地，想要開疆拓土，到更遠的地方去。但很無奈，爬行能到達的地方是有限的，時不時還要被父母抱回到原點。所以當我們學會直立行走的時候，我們探索環境的能量變強大了，也更自信了，我們甚至會認為自己是這個世界的統治者，所及之處，都和自己有關。

這個時候我們會增強在1歲之前就模模糊糊產生的全能感和完美感，這些感覺變得更確定，更真實，形成了一個誇大的自我。在這個階段，每一件快樂的事和好事都被看作自己的一部分；所有的壞事和不完美，都被看作和我們無關的外部因素。這真是一個很有意思的階段，我們可能不相信，自己竟然經歷過這麼任性的時候，尤其對於某些成人後也習慣懷疑自己、認為一切不好都與自己有關的人來說，更難以想像曾有那麼一段時間，你對自己的相信竟是這麼堅定無條件的。

　　是的，我們每個人都經歷過這個誇大自我的時期，但與此同時，這時的我們也是不成熟的，正處於自我發展的開端。自我發展是身為人的一項偉大使命，它會持續貫穿我們一生，一開始會有些魯莽和不切實際，是正常合理的。相反地，正因為我們還沒有學會小心翼翼地生活，才有足夠空間和機會去打造自我雛形。據我的父母回憶說，我當時很喜歡做兩件事情——亂走和亂摸。他們描述我是一個喜歡背著小手在家裡和院子裡亂轉的孩子，好像在原地坐著是一件很無聊甚至不可思議的事情。他們覺得我在走來走去的時候像是在思考什麼，小腦袋瓜似乎一刻也不得閒。我很難想像一個2、3歲的孩子能思考些什麼，但這個亂轉亂走的過程確實是種探索、是認識所處生活環境的一個過程。雖然魯莽和不切實際，但那時的我們絕對不湊合，會非常嚴肅地對待自我，用我們幼稚的方式進行學習。

　　這個幼稚的方式除了亂走，還有亂摸，父母說我很喜歡亂動東西，就好像是找到什麼好玩的東西，總是沒完沒了地拿在手裡把玩，有時候可能還很暴力，總想扔在地上測試一下它的結實程度。這完全就是把家當成自己的領地為所欲為，好像不覺得自己需要承擔什麼後果。在網路上廣為詬病

的「熊孩子」大概從這個時期就開始了，父母如何順利度過這個階段，需要智慧和技巧去陪伴和帶領。

父母是後盾 VS 父母是阻礙

面對一個認為自己是世界的主宰、愛製造麻煩，甚至到處搞破壞的「小惡魔」，父母該怎麼辦呢？**大部分父母本能地覺得孩子不聽話，應該責罰和管教。但這是一個誤區，這時候的管教可能成為孩子自我發展的阻礙，最好的角色應該是孩子的後盾**。我理解，後盾不好當，生氣和打罵似乎更容易一些，在很多人眼裡也是更合理的方式，但是當父母本來就是複雜和辛苦的，自然不能用「哪個方式更簡單就使用哪個方式」的原則，想辦法用正確的、科學的方式教育孩子，就是父母要盡全力去完成的必修課。接下來，就來看看在這堂課上，我們的父母做得如何吧！先想像第一個場景：

一個開始會自己吃飯的小寶貝，突然覺得玩弄食物和餐具很有意思，於是把餐具扔在地上，或者用勺子盛了一勺米飯，然後扔在地上，孩子覺得很有意思，咯咯咯地笑起來。

當父母是阻礙——輕則大吼一聲：「這是在幹什麼！誰教你的，這麼不聽話！壞孩子！」嚴重一點的則是直接給一巴掌，嘴裡可能還念念有詞：「浪費食物還亂扔東西，非得教訓你不可！」

當父母是後盾——蹲在孩子旁邊，詢問孩子這麼做的原因，孩子可能會說：「好玩！」接著笑起來。父母接下來會繼續引導：「爸爸（媽媽）也覺得好玩，但是你看地上沾到黏糊糊的東西，待會兒都沾到你的腳丫上啦，來，爸爸（媽媽）教你怎麼把它們清乾淨」。接著想像第二個場景：

一個孩子剛午睡醒來，想玩一下玩具，於是把家裡的玩具都翻出來，一會兒在地上擺弄，一會兒拿著玩具在屋裡跑來跑去。孩子可能時不時地還會看看爸爸、媽媽有沒有在看自己，甚至可能強行把父母拉入自己的遊戲世界。

當父母是阻礙——輕則在孩子玩的時候，總是在旁邊訓斥：「要玩就好好玩，別亂丟，別亂跑！」孩子想要父母陪同玩耍時，還會不耐煩地說：「我在忙，你自己玩！」，嚴重一點的則是當孩子把屋子弄亂了，馬上就剝奪孩子玩遊戲的權

利，可能還伴隨一些責罵。

　　當父母是後盾——孩子在玩的時候，就盡情讓孩子玩，如果不會涉及危險情況，不輕易出手干涉孩子的遊戲時間；每次孩子在玩的過程中看向父母時，都會發現父母的眼光在注視著他們。一般來說，如果滿足孩子這種情況，他們其實並不會強行將父母拉入遊戲中，自己就夠享受了。但如果父母沒有太留意孩子時，孩子提出了這樣的要求，也會盡可能參與一下，滿足孩子被關注的需求。

　　透過這兩個場景，相信我們都能感受到區別在哪裡，不管大家是否懂心理學的概念和知識，也都會覺得當父母是阻礙的時候，心裡感受是不舒服的；當父母是後盾的時候，會有充盈的安全感。這個區別的核心究竟是什麼呢？是羞恥感。孩子對這個世界進行初期探索時，會做出很多不符合社會價值觀的、不那麼道德的、不守規矩的行為，比如場景一中出現的浪費食物、破壞餐具，以及場景二中出現的破壞環境整潔、打擾父母…等。當我們以一個成人的視角看待他們的行為時，肯定難以理解和不能容忍，會覺得自己的孩子怎麼能做這種事情呢？在這種情緒的驅使下，可能就會傾向「當父母是阻礙」那樣的表現，上一秒還覺得世界安好、自己

還很無辜的孩子，下一秒就突然承受了某種難以言說和消化的羞恥感，是一種被嫌棄的感覺。

　　也許從表面看，好像沒什麼大不了的，好像沒有什麼影響，但事實上一個創傷的破口可能就在這裡撕開了。大家想像一下自己2、3歲時，做了一件自認為合理的事情，卻突然在毫無預期的情況下體驗到羞恥感，又在毫無準備的情況下被迫應對這種感受。一旦羞恥感產生，探索欲就會逐漸萎縮，因為在我們小小的腦袋裡，會不斷堆積問號，同時開始心生恐懼。我們不知道一件事情能做或者不能做的標準是什麼，因為父母沒有事先講明白，但我們為了應對未來類似的恐慌，就會本能地察言觀色來面對。這樣一來，我們學習到的第一條在這世上自處的規則就是：「讓父母心情好的事就是可以做的事，讓父母不開心或生氣的事就是不可以做的事」。這條規則可能會在長大過程中逐漸蔓延到生活裡的各種人際關係中，也就是做讓別人開心的事才是對的事、應該的事，反之就是不應該的事、應該自我譴責的事。我想，對於這條規則，大家應該再熟悉不過了，但大家有沒有想過它竟然是從這裡開始的呢？

自我的初現

羞恥感的產生並不是世界末日，羞恥感是我們的基本情緒之一，但羞恥感的確讓人不好受，尤其是對涉世未深的孩子而言，這是一種不容易應對的情緒。但令人佩服的是，即使我們可能還會經歷羞恥感，也阻擋不了探索的熱情和動機。究竟是什麼更強大的力量讓我們這麼勇敢呢？那就是對於自我的好奇和追求。即便是剛學會走路、學會說話的孩子，也難以阻擋這種力量，就像第一章討論過存在感對我們的重要性一樣，對自我的探索就是確保這種存在感得以延續，並且越來越強。

「自我」在探索欲的驅使之下初次展現，什麼叫自我呢？心理學界有很多說法，通常藉助「自體」這個概念來進行說明，而自我和自體都是難於定義和概念化的術語，因為它們都橫跨心理學和哲學…等不同學科而存在，我們可以從不同的體驗程度和視角來理解。就算僅在心理學範圍內討論，自我和自體也有很多定義，尤其在精神分析領域的學說中，更是爭論得不可開交。

精神分析學家佛洛伊德的女兒安娜，她的一位學生哈特曼認為：「自體就是指這個人自己，而自我是人格的一部

分」。自我心理學的代表人物之一──雅各布森將自體看作一個人的全部，也包括這個人的身體，它作為一個主體有別於周圍的客觀世界。而自我是一種概念層面，而非體驗層面的東西，自體是自我的一部分。自體心理學家科胡特的定義更為詩意，他說從廣義上來講，自體就是指一個人精神世界的核心，同樣地，他也認為自體是自我的一部分。

看到以上描述，大家可能已經有些暈了，我用更通俗的語言解釋一下。如果我們認為自體是我們精神世界的一個象徵，而自我又是比自體更大的一個概念，那麼比精神世界的核心更大的是什麼呢？雖然大家在日常生活常常提到「自我」，但事實上「自我」比「精神世界」這個概念還要抽象，它甚至僅存在於心理學的書中，因為我們是無法看到自我的，沒有任何途徑可以觀察到自我。自我是各個心理功能的召集人，你思考的時候有自我的存在，你焦慮的時候有自我的存在，你睡覺的時候有自我的存在…也就是你做的任何事情、產生的任何想法和感受，都離不開自我，但在每一件小事中，你又能感受到一部分自我。用個比喻來說明，「自我」就是你掌控自己的、如同神一般的形象，它無時無刻在你身邊，能夠觀察到發生在你身上的一切，隨時處理著各種

突發的或是矛盾的狀況。

　　而這個神一般的形象，一開始也是一個嬰兒，在探索欲的驅使下，它慢慢有了雛形，我們暫且把它命名為「自我之神」。雖然自我之神很難直接觀察，但我們也要試圖理解它，甚至想像它。先來看以下場景：

　　一個2歲的孩子坐在地上擺弄玩具，這個玩具的玩法是要把不同形狀的小配件分別放到同樣形狀的凹槽裡，三角形的配件放在三角形的凹槽裡，正方形的配件放在正方形的凹槽裡。剛開始嘗試時，孩子大多是亂放的，一旦發現放不進去時，就遇到了一個困難。

　　自我之神在這個時候就出現了，它可能會在這個孩子耳邊說：「這是什麼奇怪的遊戲，不好玩，砸爛它更好玩」。於是，孩子開始拿其中一個配件猛砸凹槽底座；但自我之神也可能會在孩子耳邊說：「這個放不進去，試試下一個行不行，一直試，也許就行了」。於是，孩子把剛才不匹配的配件拿出來，又放一個新的進去，似乎不合適，又放了一個新的進去，直到放對了為止。

我想大家經常會經歷這種「內心的自我對話」，好像腦子裡產生一些聲音，指導你做一些事情，這就是「自我的聲音」。那麼，聲音從哪兒來的？這就比較複雜了，在本章後面的內容會討論到，這裡請先記住一件事就好，那就是——自我的聲音有你與生俱來的成分，沒什麼道理，你就是天生會這樣或那樣思考問題或做事；同時，自我的聲音也有對外界聲音的內化，若是你聽來的，會深深記在心裡，好像就是你自己的一部分，而這個部分往往有很大的改變空間，也是我們二次成長的機會。

方法工具箱：舒適圈的邊界

自我輪廓是什麼樣子的？用舒適圈的邊界來描述就能一目了然。我們分別選取1～3歲的片段和現在的片段，並根據下頁圖形的圓圈進行連線，就能勾勒出我們自我的形狀和輪廓。

1.1～3歲的自我輪廓

如果有殘留的記憶，或從父母那裡聽過關於自己的一些故事，那麼可用你印象最深刻的記憶片段為範本，根據圖2-1下方的說明，在對應的圓圈內填塗，然後將所有實心的圓圈連接起來，這就是我們自我最開始的雛形。如果實在找不到

任何素材來使用這個方法，則可選擇下面的方法來進行探索。

2.現在的自我輪廓

如果1～3歲的片段很難再找回了，那麼可用最近三個月的狀態為參考範圍，根據圖形下方的說明，在圖2-2相應的圓圈內填塗，然後將所有實心的圓圈連接起來，成為一個完整的形狀，這個形狀就代表我們的自我輪廓。

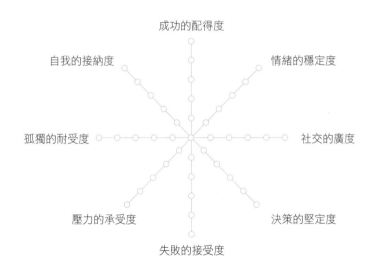

圖2-1 1～3歲的自我輪廓探索圖

（1）維度說明

自我的接納度：無論自己做什麼，對自己的第一反應是懷疑、苛責的，還是包容、接納的。

決策的堅定度：做決策的時候，是容易陷入選擇困難，還是比較堅定，不容易後悔。

成功的配得度：做對一件事情或得到認可時，是否認為自己配得上這份成功。

失敗的接受度：做事失敗或者遇到挫折時，是否會攻擊自己。

情緒的穩定度：情緒容易起起落落、失去掌控，還是相對平穩。

壓力的承受度：面對壓力時，容易被擊垮，還是能夠和壓力共處。

社交的廣度：社交是讓自己恐懼，還是能夠從容應對。（請注意一下，如果是內向型的人，本身對於社交的意願不強而非恐懼的話，並不在這個維度的討論範圍內）

孤獨的耐受度：一個人獨處時，是能夠安心做自己的事情，還是內心無法安靜下來，對外界充滿渴求。

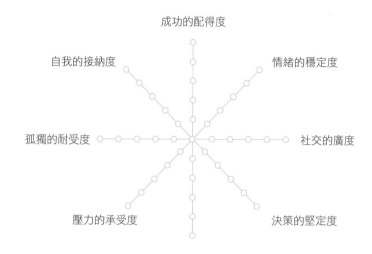

圖2-2 現在的自我輪廓探索圖

（2）填塗說明

越靠近中心，該維度的程度越低；越遠離中心，程度越高。先在每個維度上找到認為適合自己現狀的點，然後塗滿即可。

（3）形狀展示

下頁的圖是我在寫這章節的內容時，根據當時近三個月的狀態勾勒出當時的自我形狀。從圖2-3中可以看出，影響我

的自我形狀大小的維度主要集中在孤獨的耐受度、壓力的承受度和失敗的接受度上，由於當時的生活中出現了很多新的挑戰，遠遠超出了我的舒適區，所以自我的功能出現了一些異常反應，說明我在這些維度上的自我還沒有發展得很好。

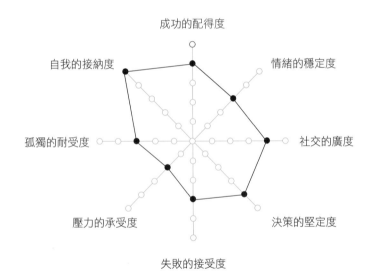

圖2-3 作者的自我輪廓圖（當下階段）

　　請大家再看圖2-4，我增加了另一個形狀，即虛線部分，這是我理想中的自我形狀。和原來的形狀相比：有一些維度即便不是很高，卻是可以接受的，比如對孤獨的耐受度；另外，我希望有一些維度能夠再成長，比如對成功的配得度、情緒的穩定度和對壓力的承受度；還有一些維度更有意思，我甚至不希望更高，反而可接受更低一些，比如社交的廣度。當我們對比這兩種自我的時候，其實能看出很多訊息。

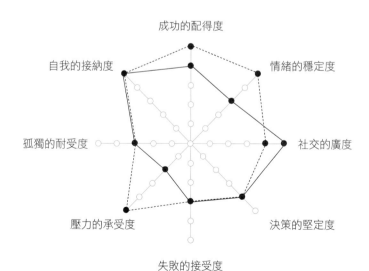

圖2-4 作者的理想自我輪廓圖

　　如果不用改變的這些落點位置靠近中心，那代表著你對自己的接納；反之，如果遠離中心，那代表著你的自信和自我認可。向邊緣調整的這些落點則代表是你生活中更重要的版圖，你願意為之繼續付出和努力。

　　向中心調整的這些落點代表著你的選擇自由，並非我們把所有的點都設置在最外緣的地方就代表這樣的自我是更好的。也許那樣的形狀看起來很完美，但同時也可能是虛假的、不完美的。

　　我相信每個人都會勾勒出自己的形狀，一個和別人不一樣的形狀，當你不知道自己是誰的時候，就可以拿出這張圖來提醒自己。

第二節／羞恥感

不能見光的枷鎖

　　羞恥感或許是我們最害怕的情緒，因為它不能見光。我們會和身邊親近的人分享自己的悲傷、焦慮和恐懼，但羞恥感是不能言說的禁忌，雖然它埋在心裡很深很深的地方，卻總能找到機會吸走我們的能量，不斷發酵成毒藥般的存在。我們常說大人才知道羞恥，孩子哪懂那麼多，這大概是關於孩子的最大的誤解了。其實，孩子不僅知道，而且知道羞恥的時間可能比我們想像得更早，在本章討論的1～3歲孩子，大部分都因為各種情況，必然或者偶然地體驗到羞恥感。**一旦體驗到了，這份羞恥感就會伴隨我們一生，如此重要的情緒值得深入探索。這個情緒一旦掌控得好，可以有效擺脫枷鎖和束縛，更輕鬆自在地面對生活；掌握得不好，則會一直被羞恥感控制，無法用自己真正的樣子去生活。**這一節，我們將一起面對羞恥感，成為能掌控它且真正自由的人。

羞恥感的種子

　　每個人可能都有個故事，在那個故事中，羞恥感的種子被種下，然後被遺忘，卻又在我們成長過程中處處都透露著影響力。我的羞恥感應該是源自於托兒所的一次尿褲子事件，因為父母工作的緣故，我要在托兒所待到天黑後才會有人來接我回家。我記得很清楚，托兒所在一座四合院裡，吃完晚飯還沒被家長接走的小朋友會在四合院的教室上繪畫課，那個教室的門是敞開的，我坐在最後一排，背後有陣陣涼風吹進來。可能是晚飯時水喝多了，或是天涼帶來的刺激所致，上課到一半時，我想上廁所，可是不敢和老師說，總覺得打斷老師上課、提出自己的要求是非常不合理的行為。我以為我可以堅持到下課，但實在忍不住，尿了褲子，所幸當時我坐在最後一排且旁邊沒有同學。下課時，褲子已經乾了，雖然這過程沒被任何人看到，但卻啟動我的羞恥感產生，我當時沒有跟任何人講這件事情，總覺得會得到非常難以想像的、無法承受的糟糕反應，所以我將這件事情埋在心底，種下一顆羞恥感的種子。

　　深入研究各種情緒的心理學博士羅伯特・奧古斯都・馬斯特斯，曾在他的書中指出「羞恥暗示的是害怕被羞辱」，

因為感到丟人而發燙的臉頰、極其痛苦的緊縮、讓人無處可藏且難以忍受的曝露。當我看到他對羞恥的定義和解讀時，小時候在托兒所的畫面瞬間浮現在腦海，不禁感歎：「這不正是我當時經歷的心理狀態嗎！」原來有這麼科學的解釋過程，我沒有犯下一個不可饒恕的罪過，但至今也無法說出當時產生這種情緒的外在原因，它似乎就是我們本能中存在、一種與生俱來的情緒，只是在特定情境下會被激發出來。

　　當然很多時候，羞恥感的種子是在外界因素的刺激所種下的，比如下面這些表達，不知你是否聽起來很耳熟呢？

　　你怎麼這麼不要臉！

　　你怎麼什麼都做不好？！

　　你怎麼這麼笨！

　　你這麼能做這樣的事？太讓人失望了！

　　尤其當這些表達是用來評價我們沒有做錯的事情時，羞恥感就更加強烈，這是為什麼呢？回顧一下本章第一節中的例子，如果一個孩子因為覺得好玩，把吃飯的餐具扔在地上，然後聽到諸如「這孩子有病吧」的評價，這個孩子的內

心世界其實是非常複雜和難以消化的。孩子可能會心想：「我因為覺得好玩才做的事，為什麼是有病呢？」那孩子很可能將這個思維帶入後來的生活中，只要是出於好玩的動機而做的事情，都可能會被別人評價為有病的，那就什麼都不敢嘗試了。

再比如「內向」，它其實是一個非常中性的評價，但很多父母可能都認為外向是更好的性格特點，所以當意識到自己的孩子個性偏內向時，會無心地做出這樣的評價：「唉，這孩子太內向了，真是沒辦法」，雖然聽起來好像沒有上述那些評價那麼具有攻擊性，但羞恥感還是產生了。幼年時我們被羞辱的經歷、被認為有缺陷的經歷，如果發生在成人後，可能是難以承受的羞恥感；但幼年時，這種羞恥感對我們來說是麻痺性的，它就像一條沉睡的巨龍，好像無法造成任何影響，但甦醒時卻可以把我們的世界鬧得天翻地覆。

健康的羞恥感 VS 不健康的羞恥感

上面說到羞恥感是與生俱來的情緒，這還不夠準確，需要說得更完整，那就是「健康的羞恥感是與生俱來的，但不健康的羞恥感並非先天固有的情緒，而是我們後天強加給羞

恥感的負擔」。如何區分兩者，是掌控羞恥感的關鍵。

健康的羞恥感：羞恥感的物件是「事」，而不是「人」。比如我不小心在托兒所打碎了同學的水杯，卻沒有告訴對方，並撒謊說是別人打碎的，那麼我會因此對這件事情感到羞恥，但不會否認自己存在的意義。

不健康的羞恥感：羞恥感的對象是「人」，卻不是「事」。比如剛才說的，我打碎了水杯且撒了謊，我似乎並沒有太關注這件事情的本身，而是陷入一種對自我人格的懷疑和對整個人存在的否定當中，那就是不健康的信號了。

羅伯特對這兩者區別的解釋非常通透：「健康的羞恥感觸發的是我們的良知，不健康的羞恥感觸發的是我們內在的批評家，而這個批評家時常偽裝成良知」。一樣參考上面的例子，我打碎了水杯且撒了謊，在健康的羞恥感下，這很容易觸發我們的良知，促使我主動承認錯誤，為對方的損失承擔責任，賠償一個等價甚至更高價格的水杯作為補償；在不健康的羞恥感下，我可能永遠也不會說，而且還不停拿這件事情向內自我攻擊：「你看你做了什麼！壞人！沒有人想跟你做朋友！你不配得到任何好東西！你不應該存在，應該消失，消失了就不會給別人帶來麻煩了！」

　　羞恥感是一個中性的概念，就像人類的其他基本情緒一樣合理的存在，比如快樂、悲傷、難過、傷感、憤怒…等。當羞恥感出現時，我們完全不需要用逃避的方式來對待它，而是先要區分當下的羞恥感是健康的還是不健康。如果是健康的羞恥感，那麼大可將它分享給自己信任的人，這個過程不僅不會讓我們受到傷害，反而能打開我們的內心；如果是不健康的羞恥感，就要注意了，它可能是我們已經遭受到創傷的一種表現和信號，說明我們的內心可能已經開始慢慢封閉。**如果不把它慢慢調整成健康的羞恥感，這種封閉會繼續緊縮下去，讓我們內心的城牆越來越厚，到最後的結果可能是，我們想出但出不去，別人想進卻進不來，使得內心成了一座孤島。**

　　最後來做一些測試，真實確認一下如何區分健康的和不健康的羞恥感。如果以下題目是你真實經歷過的場景，可以回憶當時的情況進行作答；如果從未遇過，那麼就用想像來類比相關的場景，代入自身感受進行作答。

　　測試一（測試事件，女性）：生理期意外提前來到，你身穿白色裙子，裙子上沾染了一處血跡，陌生人看到後善意提醒，那一瞬間你產生怎樣的情緒，以及你的心理狀態是怎

樣的？

　　測試二（測試事件，男性）：老同學聚會時，你的朋友們都是開車前往，只有你是坐捷運去，因為自己還沒存夠買車的錢。當大家問你怎麼沒開車來的時候，那一瞬間你產生怎樣的情緒，以及你的心理狀態是怎樣的？

　　請大家先根據自己的第一感受進行回答，有了答案再閱讀以下講解。

　　測試一解讀：健康的羞恥感表現為當下瞬間的尷尬和不好意思，並且能對於對方的善意提醒表示感謝；不健康的羞恥感表現則為，被提醒的當下連話都講不出，雖然想趕緊逃走，但卻愣在原地不知如何是好，像是受到了莫大的侮辱或是恥辱，甚至可能痛恨為什麼自己是女人，為什麼要經歷這樣的羞辱。當然，你也可能毫無感覺，說明能引起你羞恥感的範圍是有限的，並未波及生活的方方面面，或者羞恥感的承受力較強，是值得自己認可的地方，說不定是你都沒注意過的亮點。

　　測試二解讀：健康的羞恥感表現為看到許久未見的朋友們在經濟上和事業上都有更好的發展，自己卻有些捉襟見肘，難免擔心會被大家嘲笑，可能回答的時候有些支支吾吾

或不夠自信，但並不影響繼續和他們聚會交談的原計劃；不健康的羞恥感表現則為，無法把這個無心的問題當成無傷大雅的小插曲，認為自己沒有車就不配和那些更有成就的人坐在一起吃飯聊天，當下可能產生想離開聚會，還發誓再也不參加這種活動的極端想法。當然，你也可能根本不會想這麼多，只認為是大家日常的對話而已，那麼說明你的自我是比較打開的，不會因為羞恥感而封閉起來。

希望透過這兩個簡單的例子，讓大家更加理解健康的和不健康的羞恥感的區別，更了解自己的內心深處，這樣才能找到正確方法將那個被你封閉起來的自我帶出來，走到陽光下。

把羞恥感帶入關係中

羞恥感似乎是藏在暗處的一雙眼睛，你看不到它，但是它卻一直在觀察著你的生活，目光所及之處，似乎都蒙上了羞恥感的影子。你一個人的時候，羞恥感帶來的痛苦可能不那麼明顯，因為它的本質是被外界的眼光和評價所刺激，但當你處在親近的關係中，尤其是親密關係中時，它便無處可逃了。如果你現在正處在一段親密關係中，那麼請試著回答

這樣一個問題：

當你的伴侶做了一件讓你嫌棄的事情時，比如在一次聚會很丟臉，可能是說了一個冷笑話，或出現了一個情商低的表現，你會瞧不起他做的那件事情呢，還是瞧不起他這個人？

如果你的答案是前者，那麼不用擔心，是健康的羞恥感；如果你的答案是後者，那麼你產生的這種情緒可能和你自己有關，是你內心不健康的羞恥感被投射在一個讓你有安全感的人身上。換句話說，當你打從心裡看不起你的伴侶時，可能並不意味著你的伴侶非常糟糕，而是因為對方給了你足夠充盈的安全感，安全到你敢把自己內心的羞恥感曝露出來。因為你還沒有勇氣面對自己的羞恥感，所以你用了投射的方式，也就是把自己羞恥感的影子像幻燈片一樣，投射在對方的身上。這是用間接的方式面對脆弱，聽起來是個不錯的方式，但對方無疑會在這個過程當中受到傷害。

在感情中一直和和氣氣的，可能是虛假的表現，但爭吵不斷似乎也不能代表感情就是真實的。感情中的衝突一定在所難免，學會吵架確實可以增進感情，關鍵就在於羞恥感的健康與否。很多情侶或夫妻在吵架的時候，都喜歡人身攻

擊，似乎吵架的目的就是為了打敗對方、贏得勝利。如果人身攻擊常出現在你和伴侶的爭吵中，那就得注意了，被人身攻擊的一方未必是受害者，但總是用人身攻擊的方式來試圖戰勝對方的一方，一定陷入了不健康的羞恥感的困境。伴侶間本該是彼此信任支持的關係，如何在親密關係的支援下化解不健康的羞恥感呢？有個非常簡單的方法——面對面地進行一次「羞恥感對話」！

　　這個方法使用的基礎條件，一定是在你與伴侶是互信的情況下進行，如果不是，我不建議使用這個方法，因為可能會帶來一些潛在傷害。若是這種情況，或者現在是單身，也可以選擇你信任的朋友進行練習，同樣有練習效果。

　　第一步：面對面，將羞恥感講出來。

　　和伴侶或朋友面對面相視而坐，然後輪流敘述自己對於對方曾做過讓自己感到羞恥的事情，這個過程中保持和對方的眼神接觸，身體坐直並維持住，盡可能待在你在敘述過程時可能產生的脆弱狀態中。

　　第二步：消化和面對羞恥感。

　　當兩人講完之後，在你們原本距離的基礎上，坐得更靠近些，緊握彼此的雙手，閉上眼睛兩分鐘，有意識地深呼

吸。然後睜開眼睛，彼此凝視對方的眼睛兩分鐘。

第三步：分享欣賞。

最後向對方分享「欣賞之情」，你可以表達對任何對象的欣賞，對對方的欣賞、對自己的欣賞、對任何在這個過程細節中出現的欣賞之情。

這個方法聽起來很簡單，但過程中可能會發生任何狀況，我推薦方法給大家的時候，一定是自己嘗試過不會帶來傷害和危險的。接下來就透過我和伴侶體驗這個方法的真實過程，一方面讓大家更理解這個方法的本質，同時事先提醒一些重要事項。

第一步，對方起初覺得這個方法很蠢，但為了配合我的寫作，很不情願地參與，表示自己沒什麼羞恥感好說的，讓我先開始。我也很忐忑，有點擔心這個過程是不是會因為羞恥感的曝露而產生什麼我們彼此不能承受的影響，但還是開了口。

我想跟你說一件我一直隱瞞，不敢跟你說的事情（這時，對方的神色有些緊張，並且下意識地出現雙手抱肘的防禦狀態，我提醒對方要保持身體直立，這才重新回到面對

面的狀態）我偶爾會有情緒非常暴怒的時候，這個你是知道的，每次極端暴怒時，我都會產生想和你分手的想法。以前我習慣把分手作為攻擊你的手段，直接講出來，後來知道會傷害你之後，我能忍住不說，但這樣的想法還是在我的腦海裡出現，雖然暴怒結束後這想法會消失。我想告訴你，這是我憤怒時的一種癥狀，並不是真的想分手，但又沒有辦法完全控制這種想法，所以就藏起來了。雖然次數不多，但這種羞恥感會在很深的地方影響著我，讓我的內心有些封閉，今天藉著這個機會講出來，我不知道你會怎麼想（這時，對方的眼睛有些濕潤了）。

　　我在整個敘述的過程中，並不像我文字記錄的這麼流暢，我幾乎每說一句話都想移開視線，但當說完整個內容後卻有放鬆、卸下重擔的感覺，也有緊張、不知道對方怎麼想的感覺。接下來，對方說：

　　和你進行這個方法之前，我覺得很蠢，感覺跟我以前看的一些心理學練習方法相比沒什麼特別的。但是聽到你說暴怒時就想跟我分手這句話時，我確實被觸動了，其實你不

說，我也能感覺到的。很多感情不是不說，別人就不知道，你的整個身體和神情都表現出來了，我知道的。（聽到對方說這句話時，我的眼眶濕潤了）我本來打算為了安全起見，說一個之前你已經知道的事情來湊數，但我也想說一個你不知道的事情。我們每次吵架時，我也有分手的念頭，雖然我從沒說過，但我也控制不住地會這麼想。不過我認為人的想法不代表行動，它可能就是一種生氣程度的表現，我沒說也不是因為我有多勇敢，相反地是因為我喜歡迴避，我害怕面對衝突。

第二步，在對方說完後，我們的手不自覺地牽在一起，我提醒要進行下一個步驟，正好順勢坐得更近了，然後閉上眼睛。不一會兒，彼此睜開眼睛並凝視對方，我感覺自己稍顯緊張，很期待接下來對方會說什麼。第三步，還是我先開口了…

我不知道關於欣賞我要說什麼，我就想到什麼說什麼吧。嗯…我的第一反應是欣賞你的配合，一開始對這個方法並不是很感興趣，但還是願意嘗試，並且坦白一個你從沒提

到過的感受，我覺得挺勇敢的。因為我知道你是一個喜歡迴避的人，所以能夠正面講出可能會引發衝突的事情對你來說很不容易，謝謝你…

對方似乎準備好很多想表達的話，躍躍欲試…

我有很多欣賞你的地方，先說對這個方法的欣賞吧，我發現有儀式感的過程會把一些隱藏起來的東西曝露出來，雖然這過程不太舒服，但真的是發現深層自我的一種方式。另外就是對我自己的欣賞，像你說的，我的確沒想到自己能說出來，但現在我們討論這個話題的環境很安全，不自覺就想更坦誠一些，如果在平時就會很難講。最後就是對你的欣賞，為了寫書，冒險讓自己進行不知道會發生什麼的嘗試，剛才你和我說話的時候，眼神也是一直閃躲，可能還有一些恐慌在吧，我能感覺到的。

最後我們不自覺地擁抱了一下，結束了這個方法的練習。希望大家也能夠找到合適的人一起嘗試，我相信會有很多美好的意外發生。

方法工具箱：羞恥感日光浴

羞恥感喜歡黑暗，而黑暗會讓羞恥感發酵，變成對自我的攻擊，只有用正確的方法引導羞恥感來到陽光下，才能停止自我攻擊，實現對自我的接納。這個方法和「面對面，來一次羞恥感對話吧」很相似，但可以在一個人的情況下進行，是和自我的對話。

第一步：確定羞恥感事件。

首先找到一個事件，你幾乎從未和任何人提起過，哪怕是面對自己，也只是在腦海中出現過，但從未真正地面對過它。當你想起這件事時，你是有羞恥感的，會覺得丟人的、難以啟齒的…等。

第二步：選擇日光浴的方式。

嘗試用文字、語音、隔空對話…等方式進行表達這個事件，不用為難自己，哪種方式是現階段的自己可以承受的，就採用哪種方式。比如把你的羞恥感事件寫出來，這樣就可以真實地看到文字，這是一種面對的方式；或用記錄聲音功能的軟體把羞恥感事件錄下來，這樣你就能真切地聽到自己的聲音表達，這也是一種面對的方式。

如果不希望留下任何痕跡，想完全保有隱私，也可以使

用隔空對話的方式，假設坐在對面的是你自己，然後想像和
自己對話的樣子，把你內心壓抑許久的想法都表達出來。不
管用哪種方式，在日光浴的過程中，你可能會產生各種強烈
情緒，不用壓抑，藉這個機會和空間讓它們都釋放出來，如
果出現了非常不適的身體反應，請馬上暫停，這說明你現在
正在練習的方式超出了自己能夠承受的範圍，這是需要尋求
專業心理諮詢協助的信號。

第三步：結束儀式。

表達完羞恥感事件後，一定要對自己表達感謝或認可，
並且說清楚具體感謝或者認可的地方是什麼。只要你鼓起勇
氣實踐，就一定有機會感受到連自己都感到意外的力量。

第三節／自我懷疑
價值判斷初現

　　在我看來，自我懷疑其實是一個偽概念，透過第一章的內容，應該可以真切感受到這件事——初來到這世界上時，我們對這個世界是沒有價值判斷的，是後來經歷的人和事，為我們注入了各種聲音，才有了所謂的自己的看法。而自我懷疑的源頭也是天真和純粹的，我們也許做了一件被已經形成相對固定價值觀的社會所不認可的錯事，但當下可能完全不懂它代表著什麼，比如2歲的孩子單純因為好奇而把吃飯的湯匙扔在地上。這是一個孩子因為想看到父母惱火而故意為之的搗亂行為嗎？這個假設似乎很難成立，但父母即便在否認這個假設的前提下，也還是會控制不住地生氣和發脾氣，認為孩子這樣做是為了讓自己生氣。於是外界對於孩子的誤會從這裡就開始了，還沒有判斷力的孩子被動接受了一個又一個的誤會，最終變成自我懷疑。

自我懷疑的破壞性

　　「自我懷疑」和「自我否定」不同，舉個例子，如果想要喝水，你準備用左手去拿面前的一個杯子。在自我否定的情況下，右手直接制止左手，然後就徹底打消了喝水的念頭。但在自我懷疑的情況下，右手不會直接制止，而是試圖阻撓，但又不那麼堅定，可能會來回拉扯。左手在這個過程中會很難受，但還是想拿到杯子，也許排除萬難拿到了，也許這個過程太疲憊而失敗了。即便拿到杯子，右手還是會繼續阻撓、推托，導致水灑了一身，最後只喝到一點點。自我否定是令人痛苦的心理狀態，但它至少能有片刻寧靜；但自我懷疑卻會一直持續存在於我們生活的各個環節中，這就是它最大的破壞性——持續焦慮。

　　2、3歲的孩子就能感受到焦慮了嗎？當然是的，程度甚至很強烈。在本書第一章討論過焦慮型依戀的嬰兒會有的表現，比如媽媽短暫離開一下就會號啕大哭，即便媽媽回來也很難安撫。人在1歲前就可以感受到焦慮的情緒，直到2、3歲時，會在更多情境中感知到焦慮。我朋友的孩子在我完成這一章的時候，剛好2歲多，正巧成了我近距離觀察和探索的對象。這個小女孩很早就學會說話，已經能用比較豐富的

詞彙來表達自己的情緒，除了常見的分離焦慮，她還有很多其他引發焦慮的情境。比如他們家的洗衣機聲音特別大，每次攪動的聲音都會把小女孩嚇一跳，以致於後來看到洗衣機，哪怕當下沒有在洗衣服，她都有恐懼的情緒，抱著媽媽說自己很害怕。聽到這裡，一切都是正常合理的情況，有的孩子可能害怕打雷、閃電，有的孩子可能害怕機器的噪音，但接下來父母怎麼做就很關鍵了。

有的父母會指責孩子：「洗衣機有什麼好怕的，真膽小！」或在孩子被一些噪音嚇哭的時候大聲呵斥：「有那麼嚴重嗎？哭什麼哭！」這些父母肯定以為這樣回應，孩子以後就不會害怕了，就會勇敢起來，這是大錯特錯的，**這種負面反饋反而增加了害怕情緒的程度，之後遇到類似的事情，孩子的恐懼和焦慮的程度會更升高，甚至泛化到更多的事情上**。自我懷疑就在這個過程中悄悄出現了，孩子也會不可避免地想：「對呀，為什麼別人不害怕呢？是不是我自己有什麼問題？」可是這樣想並不能解決害怕的情緒，反而是在害怕的基礎上又增加了懷疑的情緒，負擔更重了。

關於這個部分，我以剛才提到朋友女兒的例子來討論

一下什麼是更好的做法。我朋友很接納女兒的情緒，而且理解這可能確實是孩子天性敏感的一種表現，所以不會指責孩子，而是努力創造一種讓孩子感到安全的環境。比如帶著孩子一起把洗衣機關掉，讓她意識到哪怕出現一些讓自己害怕的情緒，也不是無能為力的，讓孩子知道可以做些什麼。這樣做將有兩個好處：一是沒有否定孩子的情緒，其實出現任何情緒都是合理的，都是沒關係的；二是讓孩子有機會發掘自己的信心和潛力，不管遇到什麼問題，自己都有機會和空間做些什麼，是建立自我主見的基礎。

我懷疑 VS 被懷疑

我們很容易誤以為自我懷疑是自己對自己產生的，有時就算自我懷疑已經帶來痛苦，還會責怪自己為什麼不能相信自己，但自我懷疑其實是「被人懷疑」後的產物，也就是我們將他人的評價內化了。內化是心理學中一個非常核心的概念，它指的是將自己認同的外在的新思想或新觀念，和自己原有的信念結合在一起，再次構成一個統一的態度體系。這種態度一旦形成，是穩定且持久的，並且成為我們自己人格的一部分。在年幼的時候，這種內化過程非常簡單和迅速，

因為我們將父母看成神一樣的存在，所以處於一種「他們說什麼、做什麼，那就是什麼」的狀態。

很多人都會在自己身上看到自己不喜歡的父母的樣子，其實這跟早期的內化過程有關。因為年紀很小的時候，我們並沒有形成足夠成熟的判斷和觀念，所以對於父母的態度全盤接收。慢慢長大後，見識到更多元的想法和視角，但自己小時候建立的固有思維模式的傾向性沒那麼容易改變。所以有些人即便從客觀角度看已經取得很了不起的成就，卻仍然有自我懷疑的習慣。

不了解這種心理狀態的人可能會評價這是一種「凡爾賽行為」。以下舉個例子，我平時會用影片的方式向非心理學專業的人分享心理學知識、用心理學應對生活困惑的方法，所以常常會收到觀眾來信分享他們的狀況。有一部分的人都有這樣的經歷，做一件事情前，不相信自己可以完成，比如考專業證照或富有挑戰性的專案，但只能硬著頭皮去做，結果出乎意料得到還不錯的成績。容易自我懷疑的人，可能不會把這個結果看成自己實力的一個證明，反而認為這就是運氣和偶然，當下次遇到同樣的事情時，仍會懷疑自己是否能完成、是否有能力做好。這樣一來，焦慮程度就會非常高，

高到連自己的身體都無法承受的地步。如果是非常重要的考試或者專案，可能會因為過高的焦慮值而真的導致失敗，然後就會強化自我懷疑，心裡想著：「看吧，我果然不行」。這句話大家聽起來耳熟嗎？是不是在成長過程中有哪個對你來說很重要的人做過類似的表達呢？記得小學有次考試沒考好，我非常敬重的班主任說了一個無心的評價，卻變成我對自我懷疑的聲音，跟隨了我很多年。當時班主任把我叫到辦公室，問我這次考試怎會這麼失常，我已經不記得我當時的回答是什麼了，只記得結束談話後，轉身走出辦公室門的瞬間，門還沒有完全關上，班主任跟旁邊的老師說：「這孩子成績好主要是靠用功，但題目稍難一點就不行了」。當時那句話深深地刺痛了我，原本努力是我自己的意願，我甚至覺得是自己的優點，但自從聽到那句話之後，努力似乎變成了我無可奈何的被動選擇，就好像如果我不努力，連完成簡單的題目都是奢侈的成功。

　　在我學習心理學之後才意識到，別人的聲音竟是這樣成為我自己的聲音，還被我誤以為是自己產生的不自信。也是意識到這一點之後，才能分清楚曾經以為的自己原來是由「別人影響後的自己」和「原本真實的自己」所組成，**所謂的**

自我懷疑，其實是「別人影響後的自己」在發聲，和「原本真實的自己」之間產生矛盾，因此帶來自我衝突和情緒上的困擾。

想要克服自我懷疑，第一關就是重新認識它的本質，當你再度自我懷疑的時候，能夠意識到這不是一種與生俱來對自我的持續否定，而是內化了別人的聲音，故誤以為是自己的一部分，這時你就成功了一半。如果能分清有兩種聲音在干擾自己做決定，自我懷疑的力量就不會持續強大，因為當你中斷一次這種沉浸於自我懷疑的時刻，就減少一次強化它的機會。很多習慣之所以頑固，只是因為被強化的次數夠多，並沒有太複雜的原因，改變起來也很簡單，只要不斷重複提醒自己自我懷疑的本質，就能慢慢建立新觀念。但困難之處也在於我們總會無意識地忘記新觀念，習慣性地回到舊觀念之中。

我相信大家可能都有過這樣的經歷，比如看了一本書或聽了一個課程，當時恍然大悟，覺得自己的問題似乎馬上就要解決了，但隔一段時間就忘記了，然後又遇到重複的問題或者困擾。這時不僅因為困擾本身而難過，還會產生「學了那麼多還是沒有用」的想法而感到挫敗和沮喪，我想告訴大

家，這樣的反覆是很正常的，心理過程的改變是一個循序漸進的過程，我比較推薦的方式是在專業心理諮商師的說明和陪伴下，來完成這個過程。

方法工具箱：懷疑你的懷疑

如果自我懷疑的情況不是很嚴重，當然也有自己可以嘗試的方式，這個方法的名字叫作「懷疑你的懷疑」。無論理智上多麼明白「自己的懷疑可能受到外界的影響，其實是別人的聲音，不是自己產生的，這個聲音可能是不客觀的」，也無法保證自己在情感上也一定是這樣的感受。所以，需要在理智的引導之下，慢慢帶領我們的感情也實現「從不相信到相信」的這個過程。

第一步：表達懷疑。

很多時候，我們的懷疑不會真的用語言或者文字表達出來，而是盤旋在腦子裡，不斷地發酵，然後變成自己無法梳理清楚的念頭，猶如一鍋滾燙的粥。它會讓我們產生灼燒感，這種灼燒感就是焦慮帶來的，那麼如何讓腦子慢慢地淨化，不再繼續渾濁呢？最有效也最簡單的一個方法就是將你

懷疑的內容可視化或者可聽化，也就是需要一個媒介，讓你看到你的懷疑或者聽到你的懷疑。建議試著把懷疑的部份坦誠地寫出來，以我自己為例：

　　寫書的過程非常艱辛，我總是沒有辦法在截止日期之前完成和編輯約定好的內容，我懷疑自己是不是真的有能力完成內容量如此巨大的一本書。這是我第一次嘗試，之前沒有任何成功的經驗可參考，萬一能力的上限就是我影片頻道所呈現出來的那樣呢？萬一我根本沒有那麼紮實的功底，可以輸出那麼大量的內容呢？萬一是我的野心超過了能力能夠承載的上限呢？萬一沒有寫出來，給編輯添麻煩了，他再也不信任我了該怎麼辦呢？即便寫完了，萬一賣得不好，那這段時間付出的時間和精力都白費了，之後的生活很拮据又該怎麼辦呢…

　　當我們處於自我懷疑的模式時，只知道心裡很亂，但當你真的將它可視化後，你會驚訝自己的心裡竟然承受了這麼多的負擔。如果你之前從沒嘗試過這種方法，那麼你可能會寫滿好幾頁都無法停筆。沒關係，就給自己這個機會把所有

的自我懷疑都釋放出來，直到你覺得所有的懷疑都已經呈現出來為止。

如果你身邊有讓你非常信任的人，把自己的懷疑講給他聽，以實現更好的效果，這也是心理諮商能起作用的原因。哪怕諮商師在諮詢過程中一句話都沒講，只是無條件的進行傾聽，你也會得到一定程度的治癒和情緒上的恢復，原因就在於你感受到自己最恐懼和擔心的東西，被另一個真實的人不帶評價地接納了，這種包容和理解的力量是非常強大的。

第二步：中斷儀式

當我們把懷疑暢快地表達出來之後，需要進行一個「中斷儀式」，比如把記錄懷疑的本子收起來，放在一個地方，並告訴自己「那就是全部的懷疑了，是時候停止了」；或可以在最後寫一行字，大意是「懷疑可以存在，但我也有權利享受相信自己的時刻」。內容可以自由設計，只要能為自己帶來一種中斷懷疑的儀式感就可以了。除此之外，還能嘗試用肢體語言的方式來進行中斷，比如閉上眼睛，想像自己在一個山水非常純淨的地方仰望天空，然後深呼吸，就好像淨化了懷疑帶來的汙濁感。如果你是跟信任的人進行了第一步

「表達懷疑」，還可以擁抱對方做為中斷儀式。總之這部分不用拘泥於形式，找到適合你自己的方式就可以了。

第三步：表達對懷疑的懷疑

這是最關鍵的一步，前兩步的準備工作都是在為這一步打基礎。如何進行這個部分呢？只有一個要點，那就是停止關於懷疑的任何內容，去質疑你之前的懷疑是否真的那麼真實可信。這是一個有挑戰性的過程，因為我們的思維方式會慣性進入自我懷疑的狀態，所以才要嚴格地限制書寫的內容，只能寫對於之前懷疑的質疑，其他一概不能呈現。繼續以我在第一步中的例子接續說明：

我記得以前在完成一些重要的事情時，也會產生這樣的懷疑，但最終都完成得很好，也許懷疑本身並不代表最後的結果。比如寫書，編輯有和作者合作的豐富經驗，也是閱人無數了，那麼至少從他的視角來看，也許注意到一些我忽略的優勢和長處。之前提到那麼多的「萬一」，怎麼感覺毫無根據呢？更像是一種情緒的表達，而不是事實的表達，如果我聽到我的朋友這樣說他的心情，我肯定不會覺得那些是事

實，甚至會認為對方怎麼會這樣想自己…

　　這個過程的關鍵就在於，要把我們腦子裡非常微弱卻被我們忽視的聲音引導出來。這些聲音一直存在，但總是被自我懷疑的聲音所壓制，在這樣的練習中，我們可以給這種聲音一個表達的機會。當一個人遇到重大挑戰時，會產生自我懷疑和不確定的不安感，這是很正常的，但自我肯定的自信的聲音也應該同時存在，來穩定我們的狀態。很多時候，當我們被自我懷疑擊垮，就是因為這些聲音從來沒有機會被聽到，希望用這樣的練習方式，能讓大家感受到自我肯定聲音的存在，雖然很微小，但只要我們給它機會，就能慢慢成長起來，自我懷疑和自我肯定加在一起，才是完整的自己。

第四節／沒有主見
學會和「小惡魔」相處

2歲前的孩子可可愛愛，但2歲後怎麼突然變成「小惡魔」了？這個轉變可能是突然之間發生的，很多父母在這個時期都會面臨巨大挑戰，第一反應都是希望壓制「小惡魔」們的反抗力量，讓他們回到從前可愛聽話的樣子。但其實「小惡魔」階段藏著很多玄機，這是孩子拙劣地開始試圖表達自己的階段。雖然表達的方式雜亂無章，甚至常常造成父母困擾，**但能不能成為有主見的人，很大程度上取決於我們是怎麼和這個「小惡魔」相處的。**

從表面看來，駕馭「小惡魔」似乎毫無章法，但事實上有清晰的說明書來指導這個過程。也許小時候沒機會體驗在正確說明書指導下的父母教育，但它可以做為我們成人後二次成長的說明書。

如廁訓練

大家可能想不到，原來一個人的主見是從如廁訓練開始的。人在2歲左右的時候，會經歷從外部控制向自我控制的過渡期，比如之前都是哭喊著要別人幫自己餵奶或換尿布，但是現在不用依賴別人就能滿足自己的需求。其中如廁訓練是大部分孩子在這個階段最快學會的一件事情，除此之外還有行動力的提升、語言能力的出現…等。如廁是本能層面上的一種能力，但也需要引導，孩子可能因為對如廁的羞恥感而壓抑上廁所的需求，也可能因為對如廁產生的快感而花更多時間上廁所。這個習慣可能會跟隨我們一直到成人，大家可以對比一下現在的如廁習慣和小時候是否有相似的地方。

舉一個比較戲劇化的例子，在一部很受歡迎的美劇《宅男行不行》中，主角之一的謝爾頓·李·庫珀從小到大都有非常精準的如廁時間，必須是每天早上，誤差範圍在5分鐘內的某個固定時間。不僅是如廁時間，每天其他時間的安排也都非常嚴格，這些都側寫展現了他人格中非常僵化的一面，無論對自己或對別人都有過度的控制傾向。一個小小的如廁習慣就能幫助我們審視自我人格的靈活性，大家可以看看自己現在的如

廁習慣有什麼特點呢？也許可以提供你很多關於了解自我人格特點的訊息。

如廁習慣和自主性建立之間的關係可以體現在「主動如廁」和「被動如廁」這個較為簡單的區分上。若大家能結合小時候和現在的如廁習慣來思考，會更具代表性，如果對於小時候的習慣無從考證，那就參考目前習慣來分析也可以。

「主動如廁」體現在首先你認可這是一個每天都會固定產生的合理需求，其次你有合理程度的意願為這個日常需求分配合理的時間。比如我現在正在接受一個中國和美國聯合開辦的精神分析培訓課程，通過遠端視頻教學進行，美國教授上課的時間大多很早，一般是六點半左右。在平時正常生活中，我感受不到我對於如廁習慣的管理，但這個課程常常和我早上起來的一些習慣有衝突，比方如廁時間、吃早餐的時間、鍛鍊身體的時間…等。

為了不在上課時間頻繁上廁所而打擾課堂的平靜，我就需要主動地重新調整時間，這裡面涉及對於自己身體的了解、飲食習慣的自控力、自我掌控的信任度…等。我很少能自信地說自己擅長什麼，但有主見是我為數不多有自信跟大家分享的人格特質，我意識到這種特質會在生活中的方方面面有所體

現，哪怕只是如廁這件看起來不起眼的小事，也透露著你在各方面的能力。

「被動如廁」的表現有很多種，比如你可能從沒想過或者感受過「上廁所」是一種需要被關注和滿足的需求，你可能不認可這種需求，或認為它很麻煩、很討厭、很讓人嫌棄，所以不到萬不得已的時候，絕對不會主動滿足這個需求。這些想法從生活中其他地方也能窺見一二，比如對於自己不能理解和接受的事物都有拖延的傾向，不到截止日期絕不會完成。

對於心理學感興趣的初學者，特別適合用這種見微知著的方式來入門，其實一件小事情就有很多值得分析的地方，因為人格具有各個維度的穩定性，意指你在做一件很重要的事情時表現出來的特質，和做一件小事時表現出來的特質有著高度相似性。不僅如此，你與不同人相處的時候，也會有人格的穩定性，也許在一些人面前更放鬆，在某些人面前更緊張，但遇到真正敏感的事情時，你內心反應的傾向性都是一致的，只是程度上的區別。

在如廁習慣這件事上有很多值得分析的地方，你可以嘗試像謝爾頓一樣做個如廁時程表，觀察自己每天的習慣究竟是怎樣的。在這個過程中你能看到自己人格的縮影，因為它是我

們開始產生自主性並學會的第一件事，在我們的人格歷史上，它已經非常古老了，其中蘊藏了很多的人格印記，甚至可能比任何其他事情都更有發言權和代表性，千萬不要小看它。

可怕的 2 歲

孩子在2歲的時候，會迎來第一次自主性的突破和發展，他們開始想要驗證一些觀念，代表自己是獨特的、對這個世界有控制力，而且還有一些新的、令人興奮的力量。這時期的孩子有非常強烈的意志去驗證自己的想法、實踐自己的愛好以及自主進行決策。乍聽好像是「哎呀，孩子長大了」的既視感，但這種自主性往往會以叛逆的形式表現，開始很容易以及很頻繁地說「不」，有時候並不是對父母的要求有什麼不滿，很可能只是單純為了拒絕權威而說「不」。

因為這個問題，我又去採訪了前面提到的朋友，果不其然，朋友說最近真是氣死了，女兒開始頻頻向她發出挑釁，比如會故意把食物扔在床上，然後觀察她的反應，似乎是測試她的底限。如果媽媽這次還不夠生氣，那麼下次會加倍搗蛋，試圖激起她強烈的情緒反應，然後覺得挺好玩的。這個階段對於父母來說真是不小的考驗，理想情況下，如果照顧者可以把

孩子的自我意願表達當成是為了讓他獨立而進行的正常且健康的努力，而不是倔強的反抗，將有助於孩子很早就學會自我控制、增強勝任感和避免過度衝突。

　　但這個過程談何容易，我朋友自己就是心理學出身，但每天面對大大小小的頻繁挑戰，仍舊感覺心力交瘁。因為這個平衡實在很難拿捏，不管孩子可能會越發失控；但是過度管教，孩子可能會喪失自主性，變得膽小怯弱、沒有主見，盲目服從權威。

　　對一個2歲孩子而言，透過「極具破壞性」的行為，孩子的自我調節能力和自我效能感才得以發展，這可能就是所謂的「亂世出英雄」。如果一個孩子從出生到長大都很乖、很聽話，那麼就失去了鍛鍊調節能力的機會。**讓孩子無所畏懼地進行各種嘗試，才能盡早地感受到什麼能做、什麼不能做，也就是危險的邊界感。**我小時候很喜歡把手插進家裡任何有小洞的地方，其中最危險的就是電源插座，我記得第一次嘗試時，被父母吼了一聲：「喂，妳在幹嘛？」我嚇得下意識地縮回了手。從那之後，我再也沒有嘗試過，因為那聲大吼給了我底限，從此產生了調節意識。不再觸摸電源插座孔，那是一個再簡單不過的調節，但更重要的調節是對負面情緒的調節，這個

部分的能力往往是透過「討好父母」來實現的。

　　當我們期待得到父母的認可和贊同時，就會按照他們的期望行事，在孩子小小的腦袋裡就會吸收父母給的各種訊息，然後「讀出」父母對自己各種行為的情緒反應，當成做事的判斷標準。調節能力的出現也催生了自我效能感，是對自己有能力控制挑戰和獲得目標的一種感覺。如果孩子在討好父母的過程中總是遭遇挫敗，那麼自我效能感就會變得不容易建立起來，然後出現剛才討論過的「自我懷疑」。自我懷疑一旦出現，主見就像建在沙漠上的空中樓閣，只能漂浮在期待和幻想中，永遠無法落在地面上。自我效能感是自信的基礎，自信是對自己整個人的態度，而這個穩固的態度最初就是從做每件事時為自己帶來的自我效能感而來。**比如一次成功的如廁訓練、一次成功的情緒調節，都能讓孩子產生自我效能感，越早體驗自我效能感，就越能深深地扎在我們心底，並成為我們內在的自信。**

　　調節能力、自我效能感的獲得和發展，表面上看起來是孩子在討好父母，其實是父母引導孩子如何應對生活。這個階段雖然有挑戰，但是心理學家們還是研究出很多應對「可怕的2歲」的指導方式，這些指導方式被翻譯成適合成人的版本，

就是我們重新成長的說明書，詳見以下的方法工具箱——做自己的「父母」。

方法工具箱：做自己的「父母」

其實成人就是披著成熟外衣的孩子，小時候沒有得到的東西，會變成另外一種形式，跟隨我們長大。很多心理學家在育兒書中分享的方法，其實對成人仍是適用的。接下來就為大家翻譯，如何找回我們缺失的需求、缺失的主見。閱讀以下方法時，想像著把小時候的自己和現在的自己放在一個左右分鏡的畫面中，也許要做到有些困難，但至少能理解曾經幼小的自己是多麼無助，但又多麼勇敢。

孩子版：要允許孩子的與眾不同和特殊需求。孩子不是非得和別人家的一樣才是對的。

成人版：允許自己的與眾不同和特殊需求。別人說的不一定是對的，找到自己的節奏和特殊的好惡，那就是你獨特的樣子。

孩子版：把自己當成一個「安全島」，並且設立一些關

於安全的合理規則，孩子能從這個「安全島」出發去外面探索世界；當遇到危險時，孩子可以隨時回到這個「安全島」來獲得支援。

　　成人版：建立你自己的「安全島」，這個「安全島」可以是你信任的人，可以是你自己喜歡的一樣東西，或是你的某種信念。從這個地方出發，可以去面對任何挑戰；當疲倦時，你隨時能回到「安全島」，補充能量後重新出發。

　　孩子版：拒絕體罰，因為無效。

　　成人版：不要傷害自己的身體，因為那不是你應得的。

　　孩子版：提供可選擇的機會。哪怕這個選擇很有限，但能讓孩子體驗到控制感。比如孩子今天在外面玩，身上很髒，睡覺前一定要洗澡，那麼可提供的選項就十分有限，可能只有「現在洗」或「玩一會兒玩具再洗」。但即便只有兩個選項，也能達到為孩子提供掌控感的目的。

　　成人版：要給自己選擇。世界上不是只有一種方式成功，也不是只有一種方式定義成功。如果在內卷的學習和工作中，你已經迷失自己了，要給自己休息的選項，即便只能短暫

休息，這也是你的權利，是可以掌控自己生活的權利。

　　孩子版：如果不是有什麼危險狀況或者絕對必要，不要打擾孩子。等到孩子自己轉移注意力，好讓孩子有機會體驗自己調節狀態的感覺。

　　成人版：如果不是截止日期迫在眉睫，或是不做就無法升學或者面臨失業的程度，試著不要打擾自己。給自己機會自然地轉移注意力，找到自我調節的轉捩點。

　　孩子版：建議而不是命令。我們總以為孩子不會想那麼多，讓孩子照著自己說的做就行了，他們那麼小，什麼也不懂。但孩子的內心世界是同樣豐富的，只是跟我們的形式不同，所以千萬不要低估他們對這個世界的理解和感悟，哪怕年紀再小的孩子，都一定有自己的思考，跟他們溝通時用「建議」的方式，尊重他們不見得成熟但非常自主的想法。「凡事命令」可能剝奪孩子孕育自我意識的潛力，會讓他們在還沒來得及向內探索、向這個世界展示自己的魅力之前，就已經失去了對自我的好奇，這實在太令人悲傷。

　　成人版：建議而不是命令。不要命令自己、逼迫自己、

壓抑自己，還是小孩子的時候，你有自己的想法，長大了同樣有自己的想法，甚至更複雜、更混亂、更迷茫，或許暫時還做不到一些事情，但不要貶低自己、放棄自己，建議也是需要時間去消化和實現的。

孩子版：當孩子的行為令人討厭時，不要責　，而是提議其他的活動，比如當孩子和其他小朋友推拉的時候，家長可以說：「我們去盪鞦韆吧，你看那邊沒人，現在正是好機會」。這是我覺得非常巧妙的一個方法，一方面保護了孩子的自尊心，另一方面又非常有效地制止孩子當下的行為。

成人版：當你不接納自己的時候，不要攻擊自己，而是主動去體驗能為自己帶來自信和自我接納的事情，這是對自己的理解和包容。很多人不接納自己時都會虐待自己，就好像自己不值得休息和享受，只有持續地保持在痛苦狀態中才合理，但這只會讓「不接納自己」變得更嚴重。

孩子版：採用「暫停」和「非懲罰」的方式結束衝突。這是終身受用的應對衝突的方式，尤其是「非懲罰」這個關鍵詞，很多成人處理衝突時，常會自我攻擊、責怪自己，這是一

種懲罰，很有可能在成長過程中第一次遇到衝突的時候，就是
被這樣對待的。

　　成人版：一定不要因為任何理由懲罰自己，即使犯錯，
我們可以承擔責任，可以改正錯誤，但懲罰永遠不是你應該被
對待的方式。包括你自己，也沒有權利這樣對待自己。

　　這些方法，每一個雖然只有短短幾行字，但需要我們給
自己一點時間，慢慢理解和消化，千萬不要像是完成任務一
樣，僅以「讀完」為學習目標。可以分階段進行，從這些方法
中排序對你的難易程度，從最簡單的開始，挑選一個方法，然
後帶入生活中去感受，循序漸進地將自己感受的範圍擴大，直
到生活的方方面面都能夠自然地做出這些反應。

　　在本章，我們一起走過人生的第二年到第三年，逐漸有
了模糊的記憶，自我開始覺醒，開始有了探索自己和這個世界
的能力，開始學會說「不」，也開始經歷和體驗更複雜的情緒
和心理過程——羞恥和懷疑。只要稍加引導，我們就能獲得巨
大的能量來應對新的挑戰；即便沒有那麼幸運，在成人後也能
用正確的方式實現重塑。

3

建立自我價值（4～5歲）

我在這個世界上，不多餘

傍晚，火焰裝飾了鳥兒的腳趾

而你，就是那朵小小的火燒雲

蒼白的魚群

游過亮麗的珊瑚礁

穿過你心中的子午線

於海藻之間，凝視遠方的燈塔

眼睛，就像日全食燃燒的光環

你是一面鏡子，像無底深淵

──大岡信《肖像》

這一章，我們將進入4～5歲的兒童早期，開始以孩童的身份在這個世界建構屬於我們的價值，不再是完全依附於成人的被動存在。雖然孩童建立價值和感受價值感的方式還不是那麼成熟，但已經漸漸有了自己的風格和特點。這個階段是很多人記憶的起點，很多畫面回憶起來仍然非常清晰和印象深刻，是在我們能夠意識到的範圍內，感受到和現在連結最強的初始階段。在這個階段，我們開始有了自尊、感受責任、克服內疚感，最終形成一套價值體系的雛形。了解這個過程如何發生和發展的，將會幫助我們理解現在的價值體系，從中找到改變的方向。

第一節／自尊

精神存在的必需品

　　這是本書第一次提及自尊，但它會成為之後討論內容的「常客」，因為它太重要了。如果說身體是我們物理存在的必需品，那麼自尊就是我們精神存在的必需品，自尊是一個人和這個世界進行交流的重要基礎。若沒有自尊，我們連自己是誰都不知道，更別提要認識其他人了。在心理學的定義中，自尊是自我概念中關於自我評價的部分，是兒童對自己整體價值的判斷。聽起來，我們在自尊剛開始發展的時候，好像可以定義自己是誰，有非常大的自我判斷和評價的自由，但仔細想想，我們如何產生對自己的評價呢？評價不會憑空出現，在第一節中將先探討重新認識自尊，以及學習找回自尊的方法。

全有或全無的自尊

　　我們通常會認為過低的自尊是一件壞事，但事實上，過高的自尊也並非好事，從本質上來說，過高或者過低的自尊背後有著相似的心理機制。童年早期，我們的自尊水準會呈現出全或無的狀態，根本原因在於此階段的我們還無法全面地看待自己，很容易因為當下發生的一件事情而片面地下定義。比如期末考試考了兩個一百分，就覺得自己是全天下最厲害的人；不小心打碎了家裡的花瓶，就覺得自己什麼都做不好，一無是處。

　　這種模式出現在童年早期是一種正常現象，因為我們的心理發展還不成熟，所以這是必然經歷的合理過程，但這種模式在成人後仍舊會出現，因為這種模式若在童年中後期沒有得到妥善的引導，那麼可能會一直延續下去。不知道大家是否有這樣的心理感受，我們在人際關係中不是覺得自己高人一等，就是覺得自己低人一等，好像總是很難進入一種和別人平起平坐、平等相處的狀態。這種忽高忽低的自尊狀態也是全有或全無的自尊模式，都是由無助模式帶來的自卑感引發的。關於無助模式，我們會在第二節中詳細討論，在這裡需要先意識到的一點是，自尊並非越高越好，當我們努力

為自己賺取各種光鮮的標籤，拚命提升自己的地位以防被別人看不起時，自尊就會越來越脆弱。

當自尊處在全有或全無模式時，它就變成一個內在空洞的軀殼。當我們覺得自身條件可以碾壓對方時，在我們的腦海中，自己的形象突然變得高大起來，可以不用在乎對方的想法和關心對方的感受，**這時自尊是保護自己的工具，同時也是傷害別人的利器**。反之，當我們覺得自身條件不如別人的時候，被別人的光環所掩蓋的時候，自己又會縮成一個小人兒，對方的光芒越強，自己就會縮得越小，甚至無地自容，認為自己不應該存在。而這時，自尊又變成了傷害自己的武器，並且神話了對方，使我們無法客觀地看待別人和自己。所以為什麼說「全有或全無的自尊」是一副內在空洞的軀殼呢？這是因為無論自尊是高或低，都沒有實質意義，而且都代表著同一個問題：人際關係本不平等的。

也許你會認為，人際關係從來就是不平等的，但只要我能處於高位，就平安無事了。但事實上，如果你的自尊是空中樓閣，無論實際上所處的地位如何，最終都會被你內心設定的心理地位所影響。畢竟人生不會總是一帆風順，一旦面臨地位的挑戰，虛無的空中樓閣就無法支撐一個人的信心，

高自尊的泡沫會突然裂開，然後將你重重地摔在地上，這種落差對於任何人來說都很難承受。

　　真正的自尊是可以看到自我的，而且無論外界產生什麼樣的變化都相對穩定的。比如你是學生，見到某個專業領域的「大神」；或者你進入職場，面對嶄露鋒芒的同事，你可能會羨慕、欽佩、受到鼓舞，當然你也可能覺得和自己毫無關係，但不會覺得自我因此消失了。不管在多麼耀眼的人面前，他們的光芒都不會抹殺你的存在，你仍然能分得清別人和自己的界限。同樣地，當你和世俗條件不如自己的人相處時，你不會覺得自己是居高臨下地看著他們，也不會帶著鄙夷的目光審視他們的存在，**所以真正的自尊不僅能看到自我，也能看到並認可別人的存在。**

　　當然，這並不是一件容易的事情，我們之所以形成全有或全無的自尊模式，並非我們有意為之的選擇，尤其是在這種模式建立的初期，我們只是4、5歲的孩子。試想一下，如果我們從這時期就形成這種自尊心模式，直到現在的年紀，中間可能歷經了十幾年、二十幾年，甚至更久，所以改變起來也需要時間。也許我們還會處於這種不平等的人際關係感受中一段時間，但當我們意識到自己身處這種模式時，那就是改變的開

始。用虛假的自尊包裝起來的這個軀殼，終究會慢慢褪去，真實的自尊則逐漸重新發育起來，形成真正的自我。

無助模式

前文講的是忽高忽低的自尊，我們都知道低自尊會讓人不敢去做新的嘗試，因為不相信自己會成功，而在高自尊的情況下，哪怕這個自尊是虛假的，也能在一定程度上幫助我們短暫地去實現目標。這種高自尊之所以不穩定，甚至會讓人陷入危險，是因為這種自尊是「條件性地依附於成功」。

「條件性依附於成功」意指一個人有沒有自尊，是取決於能否做成一件事，如果失敗了，就會否定自我價值。為什麼會形成這樣的因果關係呢？很多時候和父母或者老師…等長輩在孩子失敗時給的反饋有關，比如考試沒考好，長輩說了非常負面的評價，像是「你怎麼這麼笨、「你怎麼就是學不好」…等。這樣一來，失敗就迅速在孩子心裡建立一種和低價值感相關的條件反射。相反地，如果孩子考出好成績，就一味誇讚「孩子真棒」、「真聰明」，那麼這兩種巨大的反差會在孩子心裡形成一種模式──我的價值感是否和考了好成績直接相關？有好成績，我就是最棒的；沒有好成績，我就要承受一

無是處的低價值感。

可是這些外在評價，無論正面還是負面，都並沒有為孩子帶來指導性的價值，孩子反而體驗到更多無助的感受，因為「笨」或「聰明」似乎並不是自己能控制的，所以孩子並不知道如何面對這次失敗，或也不知道如何理解這次成功，同時更不知道下一次可以怎樣做得更好。

我在4、5歲時就經歷過一次印象非常深刻的無助事件，或許能讓大家更好地理解這個過程。當時我是幼稚園的年紀，老師出了一個教孩子認時間的作業，請家長在錶盤上隨意擺弄幾個位置，讓孩子學習怎麼看時間。但老師之前並沒有教過我們，是讓家長想辦法進行教學、藉此和孩子互動。我的父親當時承擔了這個任務，他從公司拿回來一個非常漂亮的鬧鐘，有著金色的外觀、銀色的指針，我當時開心極了，興高采烈地開始學習。我父親教了我一遍長針和短針還有錶盤上數字的關係，接著就說學到這邊，然後開始考我是否理解。他撥了幾個指針位置，我都說錯了，我父親就勃然大怒，把漂亮的鬧鐘摔在地上，並大聲怒斥我：「這麼簡單的事，我都教你一遍了，怎麼還不明白？！」我當時嚇到了，內心很無助，心裡出現兩個聲音，一個聲音說：「我是不是

太笨了，為什麼這麼簡單的事情都學不會？」但另一個聲音說：「為什麼父親不再教我一遍呢，我有很多問題想問，還有很多地方不是很理解」。

　　至於後面發生了什麼事，我已經不記得了，腦海裡只留存了這個畫面，當時的無助感是很強烈的，這個無助感來自我從這次經驗中似乎無法獲得能用在下次經驗的有效方法，我只得到「我太笨了」、「學東西就要一次學會」、「沒有表達不理解和發問的權利」、「我現在還是不會認時間，該怎麼辦呀」這幾個資訊。所以，在後來成為學生的十幾年日子裡，我都會經歷起起伏伏的自尊變化，考了第一名就覺得自己是全班最厲害的人，若沒有考第一名，那一定是我不夠聰明的特點曝露出來且無法掩飾了。

　　如果時光可以倒流，我有機會告訴我父親如何教育一個各方面心智水平還沒有發育成熟的孩子的話，我會告訴他，在教了孩子一遍新知識之後，可能還需要問問孩子：「剛才爸爸講的東西，你是不是明白了呀？如果不明白，現在是提問時間，什麼問題都可以問」。這樣一來，孩子之後無論遇到多困難的任務、多複雜的知識，都會知道一件事，那就是一開始不明白沒關係，可以發問來逐步獲取對這個新事物的

探索和理解。**只要教孩子在無助時可以怎麼做，孩子就不會向內攻擊自己的自尊，全盤否定自己的存在和價值。**在孩子的視角裡，世界將變得多元和豐富起來，一件事情的結果不是只有成功和失敗兩種，我們還可以討論分析一件事情，從中總結一些經驗，提出很多有價值的問題，而這些都不是用簡單的成功和失敗就可以定義和概括的。**能夠克服無助感，我們才能在充滿挑戰的生活中順利前行。**

「應該」如何影響你的自尊

「應該」本來是人們在制定行為準則時會用到的指引性詞彙，它代表一種標準、一種確定性，甚至是安全感，但當僵化的「應該」指令分佈在生活中的各個角落時，我們的自尊就被挾持了。大家不妨想一想，從小到大有哪些「應該」充斥在你的生活中？比方對我來說，有三條印象深刻的「應該」一直跟隨我：

我應該用盡全力好好學習，一點時間都不能浪費，不然就對不起老師和父母。

我應該把憤怒當成保護自己的工具，任何試圖傷害我的

人都應該見識我的憤怒。我應該與人為善，並且盡可能理解每個人在世界上存在的意義。

這些應該的標準一直很穩定地伴隨我長大，但它們在不同階段似乎行使著不同功能，有時候能幫我解決一些困難，有時候卻給我帶來了不小的煩惱，甚至是成長的障礙。

第一條「應該」在我讀研究所第二年的時候才逐漸退場，之前它讓我的學習生活只有黑白的回憶，似乎學習就是我人生的全部意義，定義了我全部的人格。好處是，當學習將我的生活佔滿時，就沒有時間和空間去想其他煩惱，所以這條「應該」就像是金鐘罩，幫我遮蔽了其他困難。但與此同時，也蓋掉了發展其他部分自我的機會，比如繪畫、樂器、運動…等興趣愛好，都讓給了學習；然而，兒童的心理發展有很大一部分都不是從知識學習中獲得的，遊戲的互動、其他感官的刺激體驗，可能有更重要的位置和角色。

第二條「應該」在我寫這個章節之前還未完全消失。我平時容易動怒，好像表達這樣的情緒就能讓自己更強大，但在寫這個章節的時候發生一件事，徹底打破了這條「應該」帶給我的枷鎖。我和一位合作很久的來訪者發生了小爭執，

她很生我的氣，也是第一次向我表達憤怒，由於之前曾深度
了解她，我突然意識到那個憤怒的背後是她的脆弱。我不僅
更理解她的心境，也好像在這過程中理解了自己的困境，我
們就這次憤怒溝通了兩週時間，並且找到不再用憤怒偽裝的
表達和溝通方式。

　　第三條「應該」是到現在仍指引我人生的價值規則，
我認為它很適合自己，我會一直堅持這樣過我的人生。前兩
條曾經在我的人生中協助我，一條讓我一直堅持到認定心理
學作為我終生努力的專業方向，一條讓我在還很弱小、不懂
得如何用正確方法保護自己的時候，為我遮風擋雨。但是現
在它們不再適合我，它們的使命完成了，我要讓它們逐漸退
場，留給那些像第三條一樣更包容、更多元的「應該」規則。

　　**如果你的「應該」規則不再適合你，但卻還存在於你的
生活中，那麼你會陷入難以掙脫的僵局──要嘛自認倒楣，
放棄自己的需求；要嘛背叛你的價值準則，只得忍痛割愛或
是負罪自責。**無論是哪種選擇，都會讓你不斷為自己貼上懦
弱、弱者的標籤，因為各種「應該」就像無數個五指山，重壓
在你身體各個部位而無法動彈。讓你誤以為只有做這些「應
該」的事情，才能感覺到自尊，否則你就感受不到自己的存在

和價值。舉個極端的例子，大家的感受可能更深一些。《國家探險頻道》曾經報導過這樣的故事，一位男士用10年的時間從無到有，完成一台自己建造的房車。為此他付出了很大的代價，每週投入30～40小時，和家人的關係鬧得很僵，10年裡從沒出門旅行過一次。而一切都是源自這個準則──「應該有始有終」。想必在這期間，他也有過想要放棄的時候，有過覺得不值得的時候，但這個強大的「應該」準則讓他寧願失去家庭幸福和自由享樂的時間，也無法違抗，這就是我們被「應該」的五指山壓得喘不過氣來的樣子。

自尊需要引導，但也需要自由呼吸的空間，否則將變成像紙片一般的存在，徒有形狀卻無法為你帶來踏實且真實的自信，以及在人際關係中泰然自若的勇氣。 如何讓自尊變得豐滿起來？深呼吸，接下來的方法將可能成為你的自尊最終能夠穩定下來且不再漂泊流浪的開始。

方法工具箱：自尊策略大洗牌

我們在過去成長過程中建立自尊的時候，會有意無意地使用各種策略，這些策略往往都以「應該」的方式存在我們生活中，有些「應該」是合理的，但有些是虛假的。虛假的

「應該」會對自己提出不合理的要求，對自尊是一種打壓，有時候甚至是虐待。但這些虛假的「應該」被混雜在合理的規則中且迷惑了我們，讓我們誤以為這樣才是唯一的正確規則，反而一點一點地侵蝕了我們的自尊，使其變成了鏤空的內殼。所以，得把那些虛假的「應該」從眾多的「應該」規則中篩選出來，逐個挑戰和擊破它們，保留那些真正重要的「應該」，這樣我們的自尊才能卸下束縛，自由地呼吸，靈活多變地應對生活的挑戰。

第一步：發現你「應該」

請根據表3-1的提示，在相對應的空格處填寫自己的「應該」規則（如果某些選項在自己實際的生活中完全不存在或毫無關係，可以寫「無」；如果某些選項你設置的規則比較多，也可多寫幾條，沒有上限）。其中，「應該」屬性一欄的合理和虛假分別代表的涵義如下。

合理：你的「應該」規則是你認為非常合理的、並且願意去遵守的，自己並沒有被強迫的、不情願的感受。

虛假：你的「應該」規則常為你帶來困擾和壓力，似乎是外界的聲音在控制你，並非從心底產生的願望和動機。

表3-1 發現你的「應該」

發現區塊	具體分類	我應該⋯／我不應該⋯	「應該」屬性（合理／虛假）
人際關係	伴侶		
	父母		
	兄弟姐妹		
	孩子		
	朋友		
	老師、學生或同事、客戶		
經濟	賺錢		
	消費		
	儲蓄		
自我保養	外表		
	身材		
	衣著		
飲食	飲食習慣		
情緒情感	憤怒		
	恐懼		
	悲傷		
	愛		
其他			

　　表3-2為填寫舉例（以下內容僅為舉例說明使用，不代表唯一正確的價值觀，每個人在判斷「應該」屬性時，僅以自己的感受作為參考）：

表3-2 發現你的「應該」之作者舉例

發現區塊	具體分類	我應該…／我不應該…	「應該」屬性（合理／虛假）
人際關係	伴侶	我應該在任何情況下都以伴侶的需求為第一優先順序	虛假
	父母	父母是很重要的人，但他們不應該成為我生活的主宰者	合理
	兄弟姐妹	不涉及	不涉及
	孩子	不涉及	不涉及
	朋友	我的朋友應該都把我當成最好的朋友	虛假
	老師、學生或同事、客戶	同事關係不應該一定要像朋友一樣相處	合理
經濟	賺錢	賺錢不應該是我生活的全部	合理
	消費	消費習慣不該太小氣	合理
	儲蓄	存錢應該是時時刻刻都要關注的事	虛假
自我保養	外表	外表應該是很重要的	合理
	身材	身材應該以健康為前提	合理
	衣著	不應該花太多時間在穿衣服上	合理
飲食	飲食習慣	吃飯就應該吃七分飽	合理
		偶爾吃得比較多也是不應該的	虛假
情緒情感	憤怒	憤怒的時候，應該是可以為所欲為的	虛假
	恐懼	人不應該對別人表現出自己的恐懼	虛假
	悲傷	悲傷的時候應該努力迅速擺脫負面情緒	虛假
	愛	愛情應該以一見鍾情為開始	合理
其他		我應該在追求自由和夢想之間取得平衡	合理

第二步：挑戰你的虛假「應該」

把第一步當中標記的虛假「應該」用表3-3全部匯整在一起，然後進行逐一審視、探索和挑戰，這個過程是和虛假「應該」的面對面交鋒，也並非一次就能解決的，我們需要給自己足夠的時間和耐心，一條條去化解。我的建議是每隔一段時間就重新完成此步驟，直到將所有的「虛假應該」調整為你覺得平衡的程度。

表3-3 挑戰你的虛假「應該」

虛假「應該」	認為虛假的理由	之所以設置這條「應該」的原因	你的挑戰

表3-4填寫舉例（並非所有的虛假「應該」都需要被進行嚴格的審視，只需要挑選對你來說最為困擾的若干條就可以了）：

第三步：承擔你的合理「應該」

在第一步當中，除了篩選出虛假「應該」之外，也看到

了很多合理「應該」，這也是我們要關注的地方，因為繼續維護它們也是強化我們自尊的基石。

表3-4 挑戰你的虛假「應該」之作者舉例

虛假「應該」	認為虛假的理由	之所以設置這條「應該」的原因	你的挑戰
我應該在任何情況下都以伴侶的需求為第一優先順序	這樣我和伴侶似乎總是處於不平等的關係，不太合理	我希望伴侶沒有任何理由離開自己，擁有絕對的安全感	擁有安全感的方式絕對不是無止境地去犧牲自己的需求
我的朋友應該都把我當成最好的朋友	這樣世界好像就是圍著我一個人轉的，忽視了別人的需求，不太合理	我希望朋友可以給我足夠的關注，把成長過程中經歷的缺失都彌補回來	如果我想和朋友建立真正的友誼，我看不到他們的存在是無法讓我獲得真實感情的
偶爾吃得比較多也是不應該的	這樣就需要我總是讓自己處於在意身材的高壓之下，有點窒息，非得做到飲食自律，而且時刻保持完美身材，不太合理	身材焦慮會讓我擔心自己的自信受到影響，不想得到任何關於身材的負面評價	身材焦慮有社會因素的影響，這個並非完全是個人議題，可以多了解社會的動態和話題，建立新的身材觀念
憤怒的時候，應該是可以為所欲為的	這樣一定會傷害到無辜的人，反過來也會傷害自己，不太合理	因為憤怒的時候是最脆弱的、最委屈的，自己還不能為所欲為，就會更脆弱，更委屈，覺得沒有保護好自己	保護自己很重要；但不傷害無辜的人也很重要。沒有一個人的痛苦是比另外一個人的痛苦更重要的，這一點確實很難做到，但是一個努力的方向

表3-5 承擔你的合理「應該」

合理「應該」	合理的理由	可能會遇到的困難	願意承擔的責任

表3-6填寫舉例如下。

表3-6 承擔你的合理「應該」之作者舉例

合理「應該」	合理的理由	可能會遇到的困難	願意承擔的責任
父母是很重要的人，但他們不應該成為我生活的主宰者	一個人的成熟意味著要脫離父母的庇護，開始用自己的價值觀去理解和體驗這個世界	不服從父母的一些意願可能會導致沒有辦法得到經濟或者精神上的支援	如果因為堅持自己的想法而沒有獲得父母的支持，那麼剩下的就是要靠自己去努力的方向，我願意承擔這個責任
我絕不應該在一段戀愛或者婚姻關係中有出軌的行為	雖然每個人定義愛情的方式不同，但是我認為它的唯一性和排他性是愛情之所以美好的核心所在	也許自己也會遇到一些無法抵抗的誘惑，而導致沒有辦法履行原本的諾言	抵抗誘惑很辛苦，但我願意做出犧牲；也許抵抗失敗，最終違背了諾言，那麼因此失去的關係也是自己要承受的後果

合理「應該」	合理的理由	可能會遇到的困難	願意承擔的責任
賺錢不應該是我生活的全部	因為光是賺錢沒有辦法給我帶來精神層面的成就感和快樂	經濟上有壓力的時候，維持生活的基本品質會有困難	我可以用降低物欲來換取更多的時間和金錢做更有意義的事情，這是我願意承擔的責任

　　以上三個步驟中的三個表格，可以重複使用，每當我們的自尊出現波動時，都可以用它們來審視自己、穩定內心，找到接下來可以去嘗試和探索的方向。

第二節／內疚感
邁向成人轉變的前奏

內疚感的產生意味著我們要開始邁向成人的成長階段了，因為內疚感的產生代表自我衝突的產生，這種衝突會將我們的人格分成兩部分：一部分仍是用非黑即白的方式來看待世界的兒童，一切都充滿了確定性和嘗試新事物的熱情；而另一部分已經開始向成人轉變，我們會不斷地確認自己的動機和行為是不是合適的。第一節重點圍繞著自尊的主題討論了人格的第一部分，這一節將關注成人人格的萌芽，也就是當我們產生內心衝突，即糾結和矛盾時會帶來內疚感，能否克服這個部分將決定著是否能夠順利度過4、5歲的兒童早期。以及還會討論如果沒有克服，後續將對成人的生活產生怎樣的影響，以及處理內疚感的方法。

主動 VS 內疚

「解決自我衝突情緒的需要」是艾瑞克森心理社會發展

理論第三階段的核心，即主動面對內疚。這種衝突主要來自於我們越來越強烈地感受到，自己想要實現某種目標的主動性以及任務沒完成時產生的內疚感，這兩者間彼此矛盾和衝突。尚處於沒有目標的年紀時，看見什麼玩什麼，沒有什麼目標，一切都是自發隨機的，自然也很少體驗到挫敗。但當我們主動開始想要完成什麼的時候，就有了期待，如果沒有完成目標，就會產生各種複雜的情緒，而其中最突出的就是內疚感。

　　在第二階段，也就是第二章討論的1～3歲階段，那時候的我們可以用無法無天來形容，如同這世界的掌控者，統治一切。但進入第三階段時，我們會驚訝地發現，原來不是所有的事情都是被允許的、都是合理的，原來不是我們「想做」一件事情或「渴望」一個東西，就一定會實現。我們常常在公共場合見到的調皮孩子，大多都是正在經歷此階段考驗所表現出來的不適應。我曾經在購物時見過這樣的場景，一個小男孩想要貨架上的玩具，但媽媽說家裡已經有很多這樣的玩具了，不買給他。結果小男孩突然躺在地上打滾，並且大聲吼叫：「我就要那個玩具！我就要那個玩具！旁邊購物的人群迅速將目光聚焦在這對母子身上，媽媽當時的表情

非常難為情，拗不過在地上打滾的兒子，就妥協了。小男孩
實現自己的目的後馬上破涕為笑，拿著玩具開開心心地拉著
媽媽的手離開了。同樣的場景，我曾在網路上看過一位外國
網紅錄的片段，面對自己的小女兒耍賴想買玩具，他不為所
動，而是把她整個抱起來，直到停車場，把女兒放在自己車
子的引擎蓋上，然後讓女兒盡情打滾。並在旁邊說：「嘿，
寶貝，爸爸不會因為妳耍賴妥協的，但是我也理解妳糟糕的
情緒，現在旁邊沒有人了，妳可以盡情打滾，直到妳想停下
為止」。然後小女孩哭喊了約五分鐘之後，自己就停下來，
並和爸爸進行了友好的溝通。

　　上面的兩個案例，都是這個階段的孩子表現出來對於「
目標未能實現的不適應行為」，但是兩個父母做出了完全不
同的應對方式。這兩個例子向我們傳達了以下兩個資訊。

　　第一個資訊：孩子出現這種看起來無理取鬧的行為，是
非常正常和合理的，他們遇到了人生中第一個比較挫折的階
段，第一次經歷這種強烈的挫折感，所以有一些過激的表現
很自然，不要因此而判定孩子有問題，馬上給他貼上「壞孩
子」的標籤。

第二個資訊：面對同樣的表現，父母的應對變得至關重要。當孩子主動想實現什麼目標卻失敗的時候，會產生內疚感，因為自己的想法沒有被允許，感到被拒絕了。內疚感是一種非常強烈複雜的情緒，會讓人的身體一下子產生很大的反應，比如哭喊、打滾…等。**第一個案例中的妥協，會讓孩子以為內疚感是可以用無理取鬧轉移（轉移到媽媽的尷尬上）並且化解（自己最後開開心心的）掉的；但第二個案例中的對抗，就能讓孩子學會接納這種情緒，**即使產生內疚感並且做出了一些過激的行為，爸爸還是尊重我的、愛我的，並且願意陪伴我，給我時間度過這個糟糕的過程。與此同時，在後面的溝通環節，父母可以教孩子兩個人生知識：願望沒達成，生活還是會繼續，以及下次在溝通自己的願望時，可以選擇更加平靜和優雅的方式。

我錯了，但是下次繼續這麼做

當我們想到內疚感時，一般會常識性地認為內疚感能促使我們改正行為，下次避免再發生讓自己內疚的事情。但事實上，**內疚感可能反而會讓我們陷入不斷犯錯的迴圈中且無法跳脫出來**，根本原因在在上文中屢次提到的「內疚感是

一種複雜的情緒」，它夾雜著羞恥感、恐懼，還有「偽裝的良知」。**如果不能將內疚感中的這些情緒辨別出來並一一化解，那麼內疚感就會變成我們的情緒牢籠，囚禁越來越多未解決的情緒在這個牢籠中。**

　　首先來看看內疚感和羞恥感的關係。在第二章第二節中，我們詳細探討過羞恥感，其中最關鍵的就是要學會區分「健康的羞恥感」和「不健康的羞恥感」。健康的羞恥感能夠觸發良知，而不健康的羞恥感卻觸發了我們的內在批評家。內疚感和羞恥感雖然不是同一回事，但是它們之間有著千絲萬縷的聯繫。正如攻擊是我們對憤怒情緒的處理，鄙視是對厭惡情緒的處理一樣，內疚感是對羞恥感的處理，也就是說，內疚感試圖停止羞恥感的持續。**但這種停止，並非把羞恥感打散了，讓它消失了，而是凍住了它。如果凍住的是健康的羞恥感，就可能錯失讓良知出現的機會；如果凍住的是不健康的羞恥感，那麼就進一步加重我們的內在批評家，讓它藏進內心更深的地方。**設想一個場景：你借朋友的電腦處理緊急的工作，但是不小心弄壞了他的電腦，這時候不同的人會有不同的反應和應對方式。大家依以下兩種反應，感受一下兩者的區別（健康的羞恥感和不健康的羞恥感）。

　　健康的羞恥感——（內心活動）：「天哪，我怎麼會這麼不小心弄壞朋友的電腦，造成他的麻煩了，我想一下怎麼盡量處理好這件事情」

　　（行為）「現在趕快聯繫朋友，我得告知對方這件事情，並且表示願意一起去修電腦，萬一真的修不好，我願意承擔所有費用」

　　不健康的羞恥感——（內心活動）：「天哪，我竟然犯了這麼大的錯，真沒用，朋友肯定不喜歡我了，之後也不會借我東西，甚至不想跟我做朋友了，怎麼辦！？

　　（行為）：「我現在沒有勇氣告訴朋友這件事情，可能什麼都不說就把電腦還給對方，等朋友發現了再說吧」

　　不知道大家如何感受這兩種反應的區別呢？看接下來的解讀之前，先給自己一些時間好好思考和理解一下。

　　區別解讀：在健康的羞恥感和不健康的羞恥感中，都產生了內疚感，但第一種內疚感是伴隨良知的；而第二種內疚感是伴隨謊言的，根本原因就在於內疚感鎖定的狀態是不一樣的。前者鎖定了良知，當我們想要消除羞恥感和內疚感時，就會順著良知做出某種行為，即承擔責任；而後者鎖住了自我否定和批判，那麼同樣地，當我們想要消除羞恥感和

內疚感時，就會在自我批評的壓力之下，做出讓自己不要再繼續被曝光的行為，比如謊言，甚至有時候還會出現栽贓（例如職場上的「甩鍋」）。因此，如果內疚感包裹著不健康的羞恥感出現，那麼這樣的行為還會再次發生，因為自我否定的聲音還會再次出現，而我們會再次妥協。

除了羞恥感，內疚感還會夾雜著恐懼，這個恐懼也正是由羞恥感帶來的。羞恥感最大的特點是「害怕被曝光」，無論是健康的羞恥感或不健康的羞恥感，恐懼都是存在的。可是如果害怕的東西並未發生，它會反過來產生一種刺激的興奮感，比如很多人其實膽子不大，但是很喜歡看恐怖片，反而真的膽子夠大的人，會覺得恐怖片挺無聊的。羞恥感帶來的恐懼發生之後，如果自己沒被發現，那麼情緒的大起大落就會讓人感到興奮和刺激，就像是坐雲霄飛車時哇哇亂叫，但結束之後卻有著意猶未盡的感受。

最後要討論的重頭戲就是內疚感裡夾雜的「偽裝的良知」。講一個我小時候親身經歷的故事，簡直是展現偽裝的良知的教科書案例，我也終於在將近二十年之後，才理解了那時候的自己。

　　當時我大概10歲，因為家裡經濟條件一般，所以我沒有辦法很自由地購買我想讀的課外讀物，於是常跑去家附近的書店看書、過過乾癮，一讀就是一下午。我很羨慕同學們能在家寫完作業後，愜意地吃著水果或冰淇淋，一邊看漫畫的畫面。有一天我靈機一動，從家裡帶了小墊子，還買了冰淇淋，滿懷期待地跑到書店，找了一個角落，坐在墊子上，拆開冰淇淋，打開一本書，假裝在自己的小世界裡享受著愜意時光。但沒翻兩頁，化了的冰滴在書上，我當時嚇壞了，趕緊把書合上，放回原處，扔了冰淇淋，然後拿著小墊子一溜煙兒跑了。事後我一直在想，監視器不會拍到我了吧，書店管理員會不會報警找到我家，然後把我帶走。

　　這時的情緒就是我們剛才提到的恐懼，接下來「偽裝的良知」就登場了。它驅使著我總想要回去做些補償，我把我存的所有零用錢全拿出來了，然後到了書店。我在書店裡找尋能買得起的最便宜的書，我想我的冰淇淋只弄壞了沾到奶油的那兩頁，剩下的部分是完好的，所以我只需要買一本最便宜的書，就算是彌補自己的錯誤了。但就算是最便宜的書都要十幾元人民幣，我看到收銀台旁有一堆白色的薄薄冊子，沒貼上標價，我想這麼薄，應該不是很貴吧，於是拿了

一本鼓起勇氣問櫃檯阿姨多少錢，阿姨笑了一下說，這個是免費的。我當時臉漲得通紅，拿了一本冊子就跑出去了。於是我又安慰自己，我已經做過努力了，誰叫書店沒有我能買得起的書呢，那就不能怪我了。等這個事件帶給我的衝擊過去之後，我又拿著冰淇淋去書店看書了⋯

羞恥感、恐懼和偽裝的良知，被內疚感這個糖衣炮彈包裹住，但最終還是射向了自己，如果不把這個糖衣炮彈拆開，好好研究一下裡面的構造，就會一直被內疚感攻擊，而不能真正地從內疚感中學會良知和責任，最終就無法真正地長大。

自我懲罰和報復

剛才我們把內疚感比喻為「情緒的囚禁室」，我們反覆怪自己、反覆贖罪、又反覆給自己定罪，進而反覆懲罰自己，這是一個越陷越深的牢籠，就像是給自己宣判了無期徒刑。如果大家現在正處於這樣的狀態中，真的很令人心疼，因為身為諮商師，我常會遇到把自己關在情緒囚禁室中的個案。看著他們的自我懲罰，很多時候我能做的也只是陪伴和理解，因為稍一靠近，就會讓他們感到不安——牢籠限制了

自由，但也在一定程度上保證了自己的安全。**當內疚感產生時，這種感覺非常糟糕，我們為了讓自己快速地從內疚感的痛苦中脫離出來，就可能會用另外一種痛苦來替代，像飲鴆止渴般，優先終止了當下的危險，但卻讓自己陷入了另一種危險之中。**

「情緒性進食」就是一個典型的例子，它同時具有照顧自己和懲罰自己的功能。當一個人情緒非常糟糕時，可能會突然暴飲暴食，吃進比平時多出幾倍的飯量，怎麼也停不下來，哪怕吃到反胃、嘔吐，想要繼續進食的衝動也無法停止。一方面，當我們進食的時候，自己的身體會視為自我餵養，而餵養是一種照顧和關心的行為，它會帶來一定程度的安慰作用。比如大家可能有時會出現因為心情不好，想吃頓大餐來安慰自己的情況，這是非常合理和健康的一種自我關懷。但另一方面，食物也可能變成一種懲罰，當它過量的時候，就是違背身體的需求，是對自己進行虐待。因為在胃部撐滿的狀態下繼續進食，會產生痛苦的身體反應，這是一種傷害的行為。當進食的自我照顧的屬性（我內疚、好難過，要安慰自己）和自我傷害的屬性（我內疚、做錯事了、對不起別人、要懲罰自己）交織在一起的時候，會帶來更加複雜

和強烈產生愉悅感的情緒反應交織——被安慰，很溫暖；被懲罰，很安心，這樣一來就導致進食無法停止。

　　之所以會出現這種看似矛盾的複雜情緒，可能和我們在成長過程中接受到父母對於內疚感的處理方式有關。4、5歲的階段正是孩童開始有很多想法想實現，但可能會遇到挫折或者失敗，從中經歷內疚感的時期，**當我們初次經歷內疚感的時候，當下得到了怎樣的反應，將變成之後我們看待內疚感的方式。**大家可以回憶或者想像一下，如果在這個年紀，你因為貪玩，把家裡的電器弄壞了，感到很內疚，不知道該怎麼辦，這時父母或其他照顧你的人會作何反應呢？是把你拎起來打一頓，用指責「你是壞孩子」的方式來懲罰你，還是耐心地跟你講解家裡使用電器的規則，並和你一起把電器送修呢？如果是後者，那麼我們對內疚感的基本反應就會建立為「內疚感是可以表達的，並且有面對和解決的方法」；如果是前者，則有可能是「內疚感是不好的，而且盡量要隱藏它，不然自己就會受到懲罰」。假如僥倖逃過了，這份內疚感還壓抑在心裡，即使沒有外界的懲罰，自己也會找機會讓自己受處罰，進而實現消除內疚感的目的。

　　用懲罰自己來消除內疚感，這樣的方式是透過模仿自己曾經被對待的方式習得的，是一種潛移默化的影響。在繼續成長的過程中，自我攻擊甚至可能會轉化為報復，也就是對別人的攻擊，因為在越來越不接納自己的過程中，我們也會開始質疑別人存在的價值和意義。如果內疚感是由別人引起的，就會責怪他們為什麼要做讓自己內疚的事，因為知道自己在內疚感產生之後會自我攻擊和懲罰，這種邏輯關係會演變為：「為什麼別人要做讓我自我傷害的事情？」所以容易自我攻擊的人，很有可能也會苛責別人，因為他們並不知道接納一個人是什麼感覺，所以無論是對自己或別人，都下意識地使用懲罰的策略、傷害自己的方式，有意無意地也傷害了別人。這樣我們就把自己和這個世界隔離成了完全對立的兩面，處處都是沒有硝煙的戰爭。

方法工具箱：剝洋蔥

　　在這個方法中，我們需要將內疚感當成一個洋蔥，每個夾雜的情緒代表著洋蔥的一層外皮，它們都是用來保護一個人內在核心的保護層。在前文中提到了羞恥感、恐懼和自我懲罰，這三層外皮緊緊包裹著自我，讓它避免曝露在外，但

也同時承受著窒息的刺鼻氣味，沒有辦法逃脫出來。我們要做的就是要將洋蔥的外皮一層一層剝落，讓自我重新煥發生命力。

第一步：橫向切開

首先我們要確定一個洋蔥究竟有幾層，也就是在你感受到內疚感時，其中夾雜著哪些情緒呢？今天我們討論到的羞恥感、恐懼和自我懲罰是一個參考方向，但每個人的情況都有差異，也許你夾雜的情緒比較簡單，也可能除此之外還有更多被壓抑的情緒被包裹在內疚感之中。所以在剝開洋蔥的外皮之前，我們需要先在頂部切開一個小口，然後一探究竟。

獲得這個切口的較理想的方式是尋求心理諮詢的幫助，諮詢可以提供一個相對安全的環境進行自我曝露，因為在諮詢中不管你表現出任何的情緒，都是能夠被理解和接納的，不容易造成傷害。當然也可以獨立地進行這個過程，只是需要在嘗試之前進行一定程度的心理建設，因為面對真實的自己不是一件容易的事情。如果你覺得準備好了，那麼可以完成下面的表格，藉此探索自己的內疚感中究竟還藏著哪些情緒。

　　完成表格之前，先在腦海裡想一件讓你內疚過的事情，可以從常常發生的同一類事情中挑選一件，也可以從近期剛剛經歷過且印象深刻的事情中挑選一件，來完成下面的表3-7。

表3-7 橫向切開──找到所有情緒

夾雜的情緒	在事件中如何體現出來
羞恥感	
恐懼	
自我懲罰	
其他	

　　表格填寫的舉例請見表3-8，以前文中「冰淇淋滴在書本上」的事件為例。

表3-8 橫向切開之作者舉例

夾雜的情緒	在事件中如何體現出來
羞恥感	我沒有辦法跟任何人講這件事，會很沒有面子，就像是偷偷摸摸做了壞事
恐懼	書店店員發現了，會不會要我賠償呀？
自我懲罰	再次回到「案發現場」，潛意識似乎想被發現，藉此可以付出代價
憤怒	別人可以在家一邊吃冰淇淋一邊看書，但我卻沒有這個資格，我本來可以不用承受這些的

　　想想看，迷路的時候最期待出現的是什麼？以前的時代會用指南針，現在則是導航，它代表了一個正確指引。前頁的表格就像是提供一個方向，當我們要解決一個問題時，如何把它拆分成更小的元素，是很重要的第一步。不僅如此，這個過程也能為我們帶來掌控感，減少在改變自我的這個旅程中的不安。

第二步：層層去掉

　　這個過程不能著急，當我們的外殼緊緊貼著內核心，它的力量是很難撼動的，所以需要把第一步中拆分出來的各個情緒做個排序，從最容易鬆動的外殼開始剝開，才會有最好的效果。比如對於冰淇淋事件中的我來說，自我懲罰是最弱的，那麼我就可以先從這個情緒入手，針對性地進行改變。

　　如何應對羞恥感的方法，在第二章第二節的方法工具箱有詳細的介紹和說明，如果大家對其他情緒的應對方法感興趣，推薦羅伯特·馬斯特斯所著的《情緒親密》，這本書幾乎涉及了我們所能體驗到的各種情緒，並且有很針對性的方法，我常常在被某個情緒困住的時候翻開這本書求助。

第三步：重回土壤

當我們把外殼一層一層卸下，真正能夠化解內疚感的究竟是什麼呢？是願意承擔責任的意願和能力。如果讓我重新回到冰淇淋事件的那個年紀，也許我仍舊沒有勇氣拿著書到店員面前承認自己的錯誤，但我希望在能力範圍內為承擔責任而努力。我當時存的零用錢不夠支付那本書的費用，我想我會默默把那本書的價錢記下來，並當作自己存錢的目標，盡快湊足後把它買回家，以彌補書店的損失。

大家也可以用這方法對內疚感進行「歷史重塑」，針對在第一步中你選出來的事件進行重塑，大家可以問自己這個問題：

我當時能做些什麼，來為承擔責任而努力呢？

也許有些責任太大，超出了我們能承受的範圍，但這是不可控的；我們可以掌控的是，是否曾經努力嘗試過——這是對自己體驗到的內疚感最好的照顧和回應。

第三節／責任感
自由的能力

　　責任感聽起來似乎不是心理學的一個概念，它更像是學生時期的老師或是工作時期的老闆常常掛在嘴邊的話，比如老師會說「你們要對自己的成績負責」，老闆會說「你們在團隊中要負起責任」。但事實上，責任感不是一個簡單的概念，不是立下誓言就能實現的，**責任感缺乏的背後往往隱藏著一些逃避面對的心理問題。**在本章第二節的方法工具箱裡提到，真正克服內疚感的方式是做出承擔責任的努力，我相信沒有誰的人生目標是「我就要成為一個無法承擔責任、意圖甩鍋或逃避之人」，必定是遇到什麼困難才會如此。現在請閉上眼睛想一下，當你想到「我要為我的失誤／錯誤負責」時，你的腦海裡出現哪些畫面或者念頭呢？可能是對自己無能的輕視，或因為恐懼別人的失望評價而逃避，又或是想找自己依賴的人替你擺平一切⋯這些就是我們在建立責任感的路上遇到的困難，它們像一層一層的繭縛在我們身上，

讓人動彈不了。讓我們在這一節內容中甩掉這些包袱，做一個有責任感的人。

不負責與渣

在親密關係中，我們難免會遇到不負責任的人，並且稱他們「渣男」或「渣女」，似乎給了這樣的評價會讓內心得到些許安慰，因為他們是犯錯的人，是該承受世俗指責和詬病的人。我們自己也可能做過很「渣」的事情，為自己貼上這樣的標籤似乎也會讓心情變得輕鬆，反正破罐子破摔，只要說出「我很渣」，也就無所謂了。事實上，簡單地將不負責和「渣」畫上等號，並不能解決任何問題：**當我們用「渣」去看待別人的時候，就無法看到一個人的本質，下次還是會看不清對方，再度犯同樣的錯誤；當我們用「渣」看待自己的時候，就會一次又一次地逃避問題，也就意味著一次又一次地傷害別人，內心同樣是煎熬的。**

我們究竟從什麼時候開始養成不負責任的習慣呢？還是得說回本章第二節提到，孩子耍賴要玩具的例子。父母用不同的方式面對孩子無理取鬧的行為——一個是父母覺得大家都在看，感覺很丟人，於是尷尬地妥協；一個是把孩子轉移

到沒有人圍觀的地方，堅持陪伴孩子直到冷靜下來。大家認為哪個孩子更有可能獲得責任感呢？答案是顯而易見的。第一個孩子做了過分的事情之後，不僅沒有承擔任何代價，竟然還得到獎勵，也就是沒有承擔自己應有的責任；相反地，第二個孩子**全程需要面對情緒、消化情緒，以及理解自己為什麼被拒絕，還有未來如何再次應對這樣的事件和情緒，這就是學會承擔責任的過程。**

除了上述兩種父母的應對方式之外，接下來看看另外兩種可能導致孩子出現負責困難的情況。一種是父母會把耍賴打滾的孩子留在原地，頭也不回地離開，這種方式也許會讓孩子當下停止哭鬧，但卻可能在孩子心裡種下了一顆被拋棄感和無助感的種子。孩子會覺得，原來自己做了讓父母不高興的事情時，是可能被丟下的、被拋棄的，一旦產生了這樣的念頭，就會進入一種無助狀態——我對現實是無能為力的，只能依附於父母而存在，一旦他們離開了，我什麼都不是。在這種狀態下，人很難學會負責，因為負責需要有一定的自我能量，萬一沒有人能讓自己依賴，那麼自己就無法產生能量。比如有些人的戀愛對象頻繁更換，一個接一個，從來不讓自己有空窗期，其實就是一種無法對自己負責的狀

態，只有讓自己在戀愛關係中依附於另一半而存在，才能生活下去，否則自己就什麼都不是。

　　還有一種常見的父母應對方式是，對於正在耍賴的孩子大聲喝斥、惡言相向，甚至試圖嚇唬孩子，從而讓孩子斷掉不切實際的念頭。我記得有次在馬路上遇到一對母子，兒子可能之前提出了什麼過分的要求，媽媽不同意，兒子就一直撒嬌想央求媽媽同意。媽媽的回應非常刺耳，當時真的想衝上前去，請她不要這樣說，但我確實無權過問和干涉，只能作罷。媽媽說：「你再這樣，媽媽就不喜歡你了！不愛你了！會非常非常討厭你！」孩子聽了，恐懼又慌張地說：「不，媽媽是愛我的！是喜歡我的！」但媽媽可能在氣頭上，就不斷咬牙切齒地重複：「不，不喜歡！你給我閉嘴！你越說話，我越不喜歡你！」

　　唉，當時聽得我的心都要碎了，不管孩子提出了怎樣的要求，都可以用更好的方式引導。但在這段情緒的發洩中，這個孩子可能產生了「不被媽媽喜歡和愛的恐懼感」，之後為了再次發生，可能就會把任何會導致這種情況的事情都扼殺在搖籃裡。**一個壓抑所有情緒的人，會怎樣呢？──不主動、不拒絕、不負責。**

愛情的三要素是承諾、親密和激情，缺一不可。每個人對愛情的態度不同，對於不同要素分配的比例自然不同，但每個要素都是必須存在的，其中承諾就是依賴責任感才能存在的。所以不負責任的人，更容易在親密關係中表現出「渣」。令人疑惑的是，在感情中不負責任的人，在學習或者工作中可能完全是另一種狀態，比如會按時完成作業或對於自己承擔的工作極其上心，其中的區別在於**「責任是否與核心情緒掛鉤」**。學習和工作在一般情況下不會刺激到一個人有創傷歷史的核心情緒，因為我們大多數的挫敗經歷都是在更早期的時候，與照顧者的互動關係中就已經體驗過了。甚至有些人的迴避表現會強烈到根本不會讓自己開始或進入一段感情，總是以各式各樣的理由推掉或拒絕潛在的關係，這是一種終極的無法對自己負責的表現。「渣」是一個太過簡單的評價，也許我們給自己一個機會看到「渣」背後隱藏的資訊，最終可以找到完整的自己。

負責與獨立

獨立究竟如何定義呢？大多數人的第一直覺可能是經濟獨立，也就是可以依靠自己的工作來維持生活所需，不

需要依靠父母的支援。但經濟獨立僅是獨立的一部分，甚至可以說是煙霧彈的一部分，我們很容易因為經濟上的獨立而忽略了「心理上的獨立」。心理獨立指的是意志的獨立性，也就是說，一個人的意志不易受他人影響，包含提出和實施行為目的的能力都較強，它反映了意志行為價值的內在穩定性。凡事有主見、有成就動機，不用依賴他人就能獨立處理事情，並且積極主動地完成各項工作的心理品質。它伴隨勇敢、自信、認真、專注、責任和不怕困難的精神。**我將這個稍微有些複雜的心理獨立的概念總結為一句話：「心理獨立就是一種相信自己可以負責的能力」。這個負責的能力體現在生活中的方方面面，不只是我們的學習和工作，更重要的可能是在各種關係中體現出來的責任心，這是我們最欠缺的，也是實踐起來最難的。**

　　現在的網路平台充斥著能夠提升學業、事業的方法論和各種課程，我們願意為此付費，因為它有非常實際的收益和效果，比如學習成績提升了、升職加薪了，所有人都努力地往經濟獨立的方向拚命。可是由於缺乏心理獨立性，好成績和好工作帶來的成就感可能一碰就碎，因為我們難免會陷入攀比中，或者是被動地陷入內卷之中。在這種情況下，如果

僅僅把經濟獨立當成目標，那麼就變成了焦慮的溫床，時刻處在不安和恐懼中，我認為這樣的生活是不完整的，是社會功能缺失的表現。

很多時候單獨討論心理問題是無力的，因為很多心理問題並非完全像現在主流的心理科普一樣，都是源自個人發展和家庭因素所造成，「社會內卷」有時候可能是更致命的因素。**簡單解釋一下內卷，本意是一類文化模式達到了某種最終的形態以後，既沒有辦法穩定下來，也沒有辦法轉變為新形態，只能不斷地在內部變得更加複雜的現象。**後來經網路流傳，很多高中學生用它比喻成非理性的內部競爭或非自願競爭。現指同行之間競相付出更多努力以爭奪有限資源，進而導致個體的收益努力比下降的現象，可以將其看作「**努力的通貨膨脹**」。簡單來說就是，現在什麼都要比，不然自己就落後了、吃虧了，所以即使自己已經達到原先設定的目標，也要不停地拚命下去，即使拼命讓自己更痛苦了，也沒有時間享受獲得的果實，也要拚命下去。這是多麼令人難過的一種社會狀態呀！

想必大家也能感覺到社會內卷帶來的影響，但這並非是一己之力能夠改變的現實。我承認在面對社會問題的時候，

我們可能是渺小的，但我不認為我們是無能為力的，最終要回到下面的問題上——

在社會內卷中，我是否也能實現心理獨立？

在社會內卷中，我是否也能為自己盡力而為地負責？

在社會內卷中，我是否也有做出選擇的自由？

以我個人來說，一直做心理科普是希望在教育市場眾多的類別裡為心理學爭取一片空間，只有更多的人開始關注心理問題，才能從本質意義上為了改變無形的社會內卷做出一些變化，哪怕變化僅是微小的。但在接觸心理學之前，我其實也思考過上面的問題，獨立確實需要付出代價，能為自己負責的程度也是有限的，但這些並不是最關鍵的，最關鍵的是你在力所能及的範圍內一直為自己努力，這就足夠了。

比如我成年之前，歷經將近兩年的家庭暴力，我很想逃離這個不能給我最基本安全感的家庭，但那時的我完全沒有能力可以獨立。所幸我讀的學校是寄宿的，我告訴自己，至少在學校時是安全的。那時沒有人知道我正在經歷什麼，所以很早的時候，我就知道「對自己負責」這個概念。從表面

看來，那個年紀的我對於自己的經歷似乎毫無選擇的餘地，但即使在那樣艱難的情況下，我仍舊認為我有選擇和保護自己的權利。比如大部分同學都是一週回一次家，但我至少會堅持兩週才回一次家，這樣我就多了一個屬於自己的週末。用一週的生活費堅持兩週開銷還挺困難的，但我能為自己多爭取一天的安全時間，就能多感受一天「我正在為自己負責的努力」。

　　我非常理解大家在內心有某種缺失的時候，會很希望依賴什麼來彌補缺失，比如我常收到女性讀者這樣的求助，或在諮詢中常會遇到這樣的女性來訪者：

　　　　我一個人的時候可以很好地生活，也有足夠的經濟能力保障自己的生活，工作也很認真和專業。但一旦開始戀愛，就會從一個「大女人」變成一個黏人的「小女人」，會很不安，總想處處監控對方，對方總是會詫異為什麼戀愛後的我和剛認識時的差距那麼大，最後他們總會因為受不了我的黏人而離開我⋯

　　　　這就像是一個經典腳本，在很多人身上重複著，也再次

從側面說明了經濟獨立和心理獨立之間的巨大區別。所以我非常宣導一個觀念，**在注重經濟獨立的同時，請開始關注你的心理獨立，因為心理獨立的能力不只影響一個人的情感生活，它也影響我們經濟獨立能力的發展**。這一點在心理諮商中的體現是最明顯的。分享一個關於我的真實例子，諮商師一般都有做個人諮商的要求，意指諮商師也會有自己的諮詢師，所謂「醫者不自醫」，諮商師用自己的專業幫助來訪者解決問題的同時，自己的個人生活同樣會遇到問題，這時就需要有自己的諮商師。我在為期兩年的個人諮商經歷中，非常深刻地體驗了心理獨立對於經濟獨立的影響。

在剛開始做諮商工作的時候，我每個月的工資只有人民幣5000元，但我仍舊堅持拿出1000元左右做諮詢，因為我的事業有一個巨大的瓶頸，那就是沒有辦法進行團隊合作，總認為只有自己獨立完成專案是最舒適、最安全的。可是後來有越來越多的工作，我無法勝任，非常需要團隊的支援，但我始終無法突破心理障礙，於是求助了諮商師。大概諮商了一年後，我終於知道自己為什麼害怕團隊合作，表面上我看起來很獨立，但深層的原因卻恰恰相反，我害怕依賴團隊，然後削弱自己的價值和存在感。解決了這個問題之後，我開

始尋覓合作夥伴，專案很順利地越做越大。

我自己的經濟獨立很早就實現了，比如起初的5000元，雖然掙得不多，但是仍舊能負擔在北京這個大城市裡的生活。可是我的心理獨立卻一直沒有得到重視，所以經濟上一直無法提升，反過來加重心理獨立的負擔；心理上有負擔的情況下，無論學習或工作效率肯定都是大打折扣的，因為潛力會被限制住，最終形成惡性循環。**希望大家都能開始重視自己的心理獨立能力，真正釋放自己的潛力，最終實現自己的價值。**

方法工具箱：不願意還是沒能力

責任感是一個非常特殊的心理概念，因為它和道德感有重疊和交集，所以最終需要區分的一個問題就是，自己的低責任感究竟是意願問題還是能力問題？只有區分了這個問題，才能獲得真正的責任感。

第一步：區分意願還是能力

請用「是」或「否」回答表3-9的問題，回答完畢後再閱讀表格下方的說明。

表3-9 區分意願還是能力

題號	題目	是/否
1	回憶你曾經認為自己有愧的一段關係（可以是任何你認為重要的關係），如果時光可以重來，你是否願意用更好的方式對待這段關係？	
2	想像一下未來的親密關係，或者審視自己現在正在進行的一段親密關係，是否希望對方是關係的掌控者？	
3	在學校的活動中或者在工作中完成專案時，如果自己負責的環節出現了差錯，是否期待自己能夠站出來負責？	

表格說明：

如果「是」的數量為0，那麼說明你想要建立責任感的意願非常低，可能表現出對於任何有涉及到責任感的情況都是盡力避免的；如果「是」的數量為1，那麼意味著建立責任感的意願不強，但有一定的動機表現。這兩種情況，需要更多的關注意願，而非能力問題，因為在意願很弱的情況下，能力很難表現出來。如果「是」的數量為2或者3，那麼說明想要建立責任感的意願較高，也就是對自己是個什麼樣的人已經有了較為明確的期待。在這樣的情況下，如果責任感仍舊不足，那麼代表可能缺少一些建立責任感的方法，也就是能力層面的問題。

第二步：意願問題的解決

如果存在意願的問題，說明影響責任感和獨立性的原因藏得比較深，在我們的意識層面還沒有真正看到問題的根源在哪，這時是潛意識替我們做決策。這樣的情況將會阻礙生活的品質和發展，因為如果我們很排斥一件事情，那麼第一反應大概是逃避，在感到安全的同時，我們也會錯失很多機會。比如我之前獨立完成專案時感到更安全，推掉不少需要團體協作的專案，但我也失去了很多在事業上成長的機會，發展得非常緩慢。

不過，與此同時，我也不認為所有人都應該強制建立責任感，如果現在的你尚未意識到對於建立責任感的迫切需求，也不用勉強自己，因為這個過程需要時間。我們的潛意識需要做好讓我們面對更多內心深處困擾的準備，如果還沒有準備好，那麼逃避是暫時自保的方式，可以繼續使用。但如果自己實在逃避了太久，但又無法調整自己的意願，那麼建議尋求專業心理諮商協助，因為低責任感、低意願的背後，可能有深層原因需要挖掘，這個過程需要專業人士的支持，否則會是一個異常艱難的過程。

第三步：能力問題的解決

如果意願足夠強烈，只是缺乏能力提升的方法，那麼有個可重複使用的方法推薦給大家，名字叫做「我想想辦法」。害怕承擔責任或者害怕獨立的人，在面對事情時，都有個共同反應是「無能為力的絕望」，總覺得一件事情發生了，就再無回轉的機會，這種絕望感是讓人想遠離責任感的一個核心原因。

有個非常實用的辦法是，當你產生絕望感的時候，對自己說一句簡單的話，也許就可以扭轉乾坤，那就是「我想想辦法」。這句話的暗示力量非常強，你甚至未必需要真的想出什麼辦法，就能一下子把你從負面的惡性循環裡拉回到並非真正絕望的現實中。但這短短的幾句話可以向你的大腦傳遞很多資訊：

別怕，我還在想著這件事呢…

別擔心，你是有能力想出辦法的…

嘿，記得這件事情還沒結束呢…

第四節╱價值感
我在這個世界上，不多餘

　　價值感雛形的形成將成為兒童心理發展階段中的一個里程碑，它是之前的成長經歷中一連串互相影響之後的結果。價值感是一個心理學詞彙，也就是我們日常生活中常說的自信，「有價值感」可以理解為有自信，而「沒有價值感」可理解為不自信。為什麼把這個兩個概念放一起討論呢？因為我認為很多人對於自信的理解可能也是模模糊糊的，比如當你被問到「自信是什麼」時，你好像很難用清楚的語句表達出來，總覺得好像就是一種氣質，是一股勁兒，也許把價值感和自信放在一起解釋，會對這個概念更清晰一些。在這一節要討論的主題是，一個人相信自己的存在在這個世界上是有價值的能力。如果我們總感覺自己是多餘的，找不到自己存在的價值和理由，不知道自己做的事情究竟有何意義，那我們所處的人生將從根本層面上體驗到難熬的痛苦，這一切仍要從它的開端談起。

無價值感背後的漫長鏈條

　　無價值感是認知心理治療中關注的三大問題之一，另外兩個問題「不可被愛」和「無助感」，分別對應著成長發展過程中不同階段的缺失可能帶來的問題。

　　無價值感的形成是「冰凍三尺，非一日之寒」，它背後的漫長鏈條（請見圖3-1）把第一章到第三章涉及的概念串聯在一起。先來看主線條，信任感→主見→價值感。**只有當我們對生存的世界有最基礎的信任感，才能放心地和它互動，並在互動過程中有機會建立主見，主見的形成又會促使我們完成更多任務和目標，從而體驗到價值感。**反之，如果對自己的信任感不足，我們沒有辦法相信自己可以被這世界無條件地愛著，那麼在各種人際關係中，我們可能無法形成自己的主見，總會擔心和別人關係的破裂，如履薄冰地生活。如果一個人連基本的生活狀態都是緊張的，就會排斥去挑戰和探索這個世界，迴避做很多事情，那價值感就很難建立起來，因為我們需要透過做事的過程感受到成就和價值。

圖3-1 無價值感形成的成長鏈條

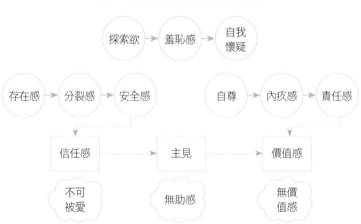

當我們價值感不足的時候，可先從主線找找看，鎖定一下主要是信任感還是主見出現了問題，這樣就可以繼續按圖索驥，找到更細分的心理源頭定位。然後再看各個分支的線路，當信任感是主要問題時，就可以從存在感──→分裂感──→安全感中找方向，並且從之前的內容中定位到相應的概念重新進行閱讀，針對自己還有缺失的地方進行重點理解和解決，其他路徑同理。

如果你發現多個元素都亮起了紅燈，這是比較常見也合理的情況，不用擔心，因為我們的心理結構各部分都是互相連結和影響的，可能有些地方通暢，有些地方堵塞。只需要

找到對你來說最關鍵的節點，然後根據不同情況進行修復即可，這裡提供大家兩個路徑來進行修復：

路徑一、捷徑：如果當下的心理狀態是焦急的，那麼就可以找鏈條中靠後的因素來進行解決，這樣對我們的改變速度是最快的。比如在我對照上面的框架圖進行分析後發現，導致我的價值感較低的細分因素中，有分裂感、羞恥感和內疚感，其中靠後的是內疚感，那麼我就優先從內疚感著手來解決問題。要注意的是，緊縮「捷徑」顧名思義，它肯定是漏掉了一些環節，所以給我們帶來的改變雖然快，但是治標不治本。它可以讓你短時間內調整情緒，但過一段時間它還會出現，因為這個鏈條中更靠前的問題還未解決，所以運行一段時間，後面的路還是會堵塞，對我們造成困擾。

路徑二、從頭開始：如果當下的心理狀態還算平穩，或處於捷徑方法奏效後的平靜期，還是要多使用「路徑二」來協助自己徹底進行改變。因為這個過程很漫長，或更準確地說，它是我們生活的一部分，代表自我探索、自我成長，是一種生活狀態，所以也不用著急。改變並不是唯一的結果和目標，它更像是我們跟自己相處的一種方法。比如對我來說，除了剛才提到的內疚感，還有分裂感和羞恥感，解決這

些需要更深入、更有耐心。我平時比較關注這兩方面的內容和知識，如果遇到能協助我更理解自己的內容，我就會重點學習和消化，慢慢撫平分裂感和羞恥感帶來的負面體驗。但仍建議，進行此過程的方式還是得尋求專業心理諮詢師，一點一點回溯和治癒，因為我們看自身問題時會有盲區，哪怕是新知識，也會慣性用自己舒服的方式進行消化，最終可能又變成了之前不良的自我保護的一部分。我們需要第三方看見自己的盲區，否則只是在自己封閉的小世界裡打轉罷了。

被世俗標準干擾的價值感

在成長過程中，如果我們的價值感沒有被很好地建立起來，成人後的我們會受到來自外界的各種影響，其中世俗的價值標準對我們的影響最為致命。由於原始價值感的缺乏，人很容易接受外界強塞給自己的觀點，認為有錢、有外貌、有權才是有價值感的象徵，因為這些規則簡單粗暴，很容易讓我們在迷茫中抓到救命的浮木，然後心無旁鶩地向目標衝刺。可是這種衝刺不僅不會讓我們建立真正的價值感，還會逐漸摧毀和瓦解價值感的根基，「冒充者綜合症」就是一個典型的例子。

「冒充者綜合症」又稱自我能力否定傾向，是保琳和蘇珊娜在1978年發現並命名的，是指個體按照客觀標準評價已經獲得了成功或取得成就，但是當事者本人卻認為這是不可能的，他們沒有能力取得成功，感覺是在欺騙他人，並且害怕被他人發現此欺騙行為的一種現象。這種現象起初大多表現在女性身上，原因是歷史上很長時間以來，女性的價值感在各個文化裡都被打壓，所以原始的核心價值感在幾代人身上都是缺失的。但是沒有價值感也不妨礙一個人努力和堅持的能力，所以很多女性成為大人後也會取得世俗觀念的成功。不過她們缺乏核心價值感，這種成就沒有辦法真正內化到心裡，因為沒有載體來承載世俗成就，她們不知道如何去認識、理解和消化這種成就感。

如果在4、5歲的階段，很幸運地建立了價值感，那這種價值感會指導我們之後的行為，會更多地從自己的動機出發去完成某種潛能的釋放，比如因為熱愛體育而參加各種體育活動，熱愛畫畫就拿起畫筆或開心地上繪畫班…等。不管最後的成績如何，做這件事情本身就足以讓我們感受到自己的價值，而且在價值感的驅使之下，我們也的確更有可能付出努力去精進那些感興趣的技能和愛好。這種習慣之後會跟

隨我們進入大學進行專業學習、進入社會求職工作。面對專業領域，我們會有自己的態度；面對工作，則會有自己的思考。不可避免地，專業領域或工作本身帶來的期待和要求會和我們自身已經形成的價值觀產生衝突，但是在價值感的守護下，仍能承受一定程度的對抗和挑戰，並在這個過程中繼續發展自身價值感。也許有更好的視野等著我們去吸收，也許有糟糕的問題等著我們去挑戰，但我們和外界之間是相對獨立的，不會被動地接受社會強加的枷鎖。

　　大家可以回憶一下開始體驗大學生活或開始工作時，遇過哪些挑戰？遇到挑戰的那一刻，自己受到怎樣的衝擊？是否能感覺到心裡有股力量和這些挑戰或者衝擊發生對抗？如果你能感受到這種力量，那麼可以為你尋找自己的價值感提供一些非常有價值的線索。比如我剛上大學的時候，好不容易擺脫了高中什麼都需要靠死背的學習經歷，以為大學更開放，能讓自己的潛力真正釋放出來，結果到了大學，每堂課仍舊是死記硬背的內容多。那時，我就開始與上課對抗，但我知道我反感的並不是上課，反而有非常大的好奇心，想從課堂上吸收知識和觀點，只是我感受不到想要的價值感。我希望可以在課堂上提出問題、從老師那裡聽到從沒想到過的

觀點,但這些都很少實現。那麼渴望有質量的互動和交流,就是我期待自己的價值感如何能建立得更好的一個重要因素。

　　既然在校內無法實現這個價值感,我開始到校外尋找,後來找到一家留學教育機構做外籍老師的助教,結識了很多對各種文化都有包容性,並且願意通過深入溝通建立關係的朋友,那是我第一次體驗到價值感。我經常和那些朋友在咖啡館一坐就是一天,聊這個世界上還有我們內心世界發生的各種事情,這也是我後來更堅定地選擇心理諮詢行業的一個因素。所以大家一定要警惕世俗價值觀的非良性誘惑,我們需要錢,也可以在乎外貌,努力獲得更多的話語權也無可厚非,但千萬不要把這些當成自己價值感的全部。因為它們是空中樓閣,如果你不知道自己為什麼需要這些東西,獲得了這些東西後又如何讓它們為你真正的目標服務,如此你就會再次陷入迷茫,這種迷茫會架空你的自我,內心越發被掏空的失落感而成為一具空殼。

方法工具箱：重塑價值感

價值感的重塑將成為本書的一個里程碑，它是從兒童開始邁向成人過渡期的一個心理必需品，也是我們在兒童和成人之間搭建的一個橋樑和通道。當時還是兒童的我們，並沒有做好準備就被推入成人世界，所以身體中孩子的部分仍一直保留著。當我們在生理上已經是成人的情況下，如果感受到自己的不成熟和稚氣，並且發現這部分的自己總是為生活和人際關係帶來困擾，那麼就需要關注一下自我價值感是否明確和完整，否則就會一直糊里糊塗地過著渾渾噩噩的生活。

第一步：心理意識準備

一定要先建立的一個意識是，無法用任何技巧或外在獎勵就神奇般地獲得價值感，然後再也不會離開你。往往讓你越快體驗到價值感的事物，也越容易讓你失去價值感。比如考了好成績獲得了價值感之後，沒多久這種感覺就會消失殆盡，需要下一次的好成績來延續相同的感覺。連續好幾次好成績帶來的價值感，在偶爾一次考不好的情況下，就可能會被全盤抵消。再比如加薪為自己帶來的價值感，也是同樣的

道理，在加薪這個消息傳到你耳裡的瞬間，當下你是最有價值感的，但要不了多久，就又會回到這件事也沒什麼特別的狀態中。好的心理方法往往是為你帶來啟發和方向的，但並不能立即解決當下的問題，否則就變成了魔法，這在現實世界中是不存在的。我們也不要帶著這樣的幻想看待自己的問題，不然之後面對問題和解決問題的困難會越來越大，大到你無法再邁出下一步。

現階段要做的準備是，將價值感的建立視為一個人生課題，有靈感了就多關注一下，感到疲憊或者遇到太大的困難時就歇一歇。不要給自己太大的心理負擔，好像不解決這個問題，自己就不配去做任何事情。進行本書裡的方法練習時，有句很重要的話想分享給大家：

無論你認為自己多麼糟糕，你都擁有在這個世界上存在和做事的權利。

第二步：記錄價值感閃現時刻

參考「被世俗標準干擾的價值感」這個標題下提到的，對於價值感出現時刻的定位描述，一定是感受到你心裡的某

種力量，因此促使你產生了反抗或想挑戰的衝動或想法，那麼這個時刻就是你的價值感閃現時刻，一定要把它們記錄下來。記錄時要寫明時間、地點、場景，以及最重要的是什麼讓你產生想反抗或挑戰的衝動或想法。比如我讀大學三年級時，有次在心理評量的課堂上，突然覺得學的東西根本毫無用處，我不想計算測量的精確性，我想拿著這些測試的問題去和我真正在乎的人討論，那些和我們生活息息相關的事情。

第三步：注入價值感事件

在第二步中，如果積累的價值感閃現時刻夠多，那麼你會慢慢感受到自己價值感的輪廓，然後按照這個輪廓（哪怕是個模糊的輪廓也好）的指引，逐漸在你的生活中注入價值感事件。為什麼是「注入」呢？首先一定要慢慢來，不能太過挑戰你本來的做事方式，否則容易產生抗拒心理；其次，做的事情一定不能和你本來的生活習慣相差太多，不要逼迫自己做太過超出舒適圈的事情，這樣的價值感事件才能和你本來的生活和諧地融合在一起，減少出現排異反應。

接著，如果第二步例子中的時刻總是頻繁地出現在的生活中，那麼你至少需要和身邊的人開始嘗試進行一些期待的

深入交流和溝通。但肯定不能到處找人胡亂嘗試，因為大幅度地改變當下的生活狀態多半會讓自己陷入一種不安和焦慮中，反而得不償失。所以我選擇了當時和我最親近的室友，平時我們嘻嘻哈哈的，很少聊心理層面的事情，但有一天她回到宿舍，臉色特別不好，說自己和男朋友分手了，覺得很難過。

　　如果是以前的我，可能會拍拍她安慰一下，但我決定按著心裡真正想要溝通的方式來安慰她。於是我問了事情的發生原因，並且幫她稍微分析情況，她也問了很多很難回答的問題，我都努力地回應她。結果從那次開始，我們的關係在精神層面上更親近了，是和之前不一樣的感覺，好像產生了人與人之間的某種連結感和意義。後來，我就成了同學圈子裡的知心姐姐，同學們遇到問題都喜歡來找我開導和解決，我也很享受這個過程。

　　我現在回憶起這件事情才發現，原來心理諮商早就在我心裡種下了種子，那是我如此近距離地感受到語言對一個人的力量可以多強大。用對話去幫助別人解決問題，就是我當時體驗到的價值感，也是我再也沒有動搖過的職業選擇。

　　本章描述的年齡階段是我們人生中的第一個小高潮，它賦予了我們定義自己的權利和力量，能在層出不窮的挑戰中倖存下來。如果很不幸，沒能在第一個小高潮中獲得原始的核心價值觀，那麼即使成為大人後，我們依然可以回到當初暫停的位置，因為現在的我們有了更多的人生經驗，能用自己真正的意願來實現價值感的重塑。

4

重塑自我心智（6～11歲）

我會成為更好的自己

黎明的黑牛奶我們傍晚喝

我們中午早晨喝我們夜裡喝

我們喝我們喝

…

你的金髮瑪格麗特

你的灰髮書拉密

──保羅・策蘭《死亡賦格》

這一章，進入6～11歲的童年中期，這個時期的我們，會帶著剛剛建立好的價值感，哪怕只有一點點，也迫不及待地想吸收這世上一切新鮮的事物，讓自己迅速膨脹起來。這時的我們可能還不知道現在流行的「拖延症」是什麼，每天一睜開眼就是衝衝衝，做各種自己喜歡的事情，一切都充滿巨大的樂趣。

但也是在這個階段，我們可能會第一次經歷自卑感，那是一種一旦體驗到就想藏起來的情緒，而且即使藏起來也怕別人察覺到的感受。這種情緒讓我們第一次感受到自己成人的一面，似乎和周圍還在享受天真的同伴們格格不入。當我們回憶這個階段的時候，可能會驚訝地發現，小學的自己就是現在的自我縮小版，有很多相似的地方在此時就已經有了大概的模樣。在這章裡，將帶大家從這個縮小版的自己身上，解開更多關於我們自身的謎題。

第一節／多維度自我

一切都和我有關

　　一般情況下，6～12歲是小學階段，大家在理解此階段時可以把視角帶回到小學時期。那時候還不太會問「自己是誰」的我們，更像是一個章魚，任性地把觸角伸到生活的各個方面，好像什麼都和自己有關係，什麼都想插上一腳。我想大部分人經歷的小學時期都是非常熱鬧的，當老師問問題，底下的小手都舉得高高的，生怕老師看不到自己。愛表現是這個階段的一個特點，而且很多讓我們現在回想起來會不好意思的事，那時都會自告奮勇去做——絕不能讓自己脫隊。這是一個多維度綻放自我的年紀，在我們還沒有為自己定位之前，可以自由地探索自我的階段，這也是為什麼這年紀的孩子總給人一種瘋瘋鬧鬧的感覺。但自由需要限度，否則會變成失控和危險。

我是誰？都可以

在5歲之前，大多數人還處於一種非黑即白的思維模式中，但從這個階段開始，我們已經開始用多角度看待問題。自我概念也進一步發展和提升，可以更有意識地對自我進行判斷，而且是更加現實、平衡和全面的，我們形成了一個「表徵系統」的東西，也就是剛才提到的「多維度自我」。大家是否有點意外？原來人在這麼小的時候就有了如此厲害的技能，可以結合不同維度、用豐富的素材多方面看待自己，但反觀現在，我們卻常用越來越狹隘的眼光來看待自己，忽略其他同樣重要的東西。

我朋友的侄子是小學五年級，我第一次見到他的時候問：「你在學校喜歡上什麼課呀？」他這樣回答的──

「我喜歡上國文課，喜歡寫作文，老師經常誇我作文寫得好，讓我覺得自己很厲害。但是很多男生都喜歡數學，每次考試都拿100分，我覺得自己有點笨。但我真的不喜歡數學，沒意思，所以也不重要，考60分就行了，哈哈」。

這真的是一個心理發展很順利的孩子，透過這段話我能感覺到，他不僅能關注到多維度的自己，對於自己的弱項也不苛責，說明了這孩子的父母對他的教育是很溫和的。有很

多父母聽孩子這樣說可能就著急了：「這麼沒志氣？60分就行了？考不好還好意思說？！」在這樣的教育下，孩子的多維度發展可能就受到影響，認為評判自己好壞的方式只有一種，那就是「只能考100分」，不然就是丟臉的、沒出息的人。

這個階段最重要的就是**保護孩子的多維度自我**，因為隨著長大，孩子對自我的定位逐漸趨向單一，如果之前建立了「認為某種單一的標準就是好」的觀念，而且這並不是自己想發展成的樣子，那麼孩子就很容易在確定自我的同時，又攻擊自我，而且這個矛盾是不可調和的。很多父母認為如果不把標準定得高一些、嚴格一些，孩子就會長歪、變壞。但事實是，如果父母制定的標準和孩子的特點是毫無關係的，孩子最終還是會在本身天性的引導下找到自我，只是徒增了厭惡自己的煩惱。

這個階段一定要讓孩子找到「自己做決定」的感覺是什麼，如果總是被互相矛盾的或模稜兩可的規則干擾，就無法體驗自己做決定的堅定感。長大後面對做決定的時候更多了——比如交往了半年的對象帶回家，若父母不表態，自己都不知道是不是繼續要和這個人在一起；考大學填科系，如

果父母不支持，自己都不知道真正喜歡的類別是什麼，最後可能隨便選擇了一個；在職場上，如果老闆不給出明確的評價，就完全不知道自己到底工作得如何，遇到問題時也不知道是該克服困難，還是果斷離職、換一個更有利於發展的環境⋯等。

不過大家不用擔心，如果我們在這個階段的多維度自我發展受到了阻礙，並不是這部分的自我被完全剝奪了，它還在，只是被壓抑了、被掩埋了，後面的方法工具箱會陪各位把這部分自我找回來。

現實自我 VS 理想自我

「知道自己按照世俗標準看起來沒那麼優秀，但還是喜歡自己」是種怎樣的體驗？要回答這個問題，得從「現實自我」和「理想自我」說起。「現實自我」是依社會中的預設規則來描述自己，這部分不可避免地會和別人比較，來判斷自己究竟在社會標準中處於什麼位置。比如，現今社會頗為吹捧高顏值，從社會傾向於把大眼睛、巴掌臉⋯等做為高顏值的標準來評估我自己的話，在這方面，我的「現實自我」就不是高顏值，我是單眼皮、小眼睛和大餅臉，大多數情況

下很難拍出好看的照片，確實也是一個困擾。

那什麼是「理想自我」呢？它無法完全脫離現實社會而存在，甚至很多時候會影響到理想自我。比如剛才的自我評估，得出一個「我顏值不高」的結論，那麼接下來的理想自我可能會有兩個方向。一個方向是，我確實覺得顏值很重要，那我的理想自我可能就是要更好看一些，為此也許可以做更多嘗試；另一個方向是，雖然社會對於顏值的標準很高，但我有認為更重要的東西，比如我是不是能按自己的想法去生活和工作，那麼可能在我的理想自我中，顏值不會佔太大比例。

相比於第二種理想自我，第一種理想自我可能更容易陷入自我否定的狀態中，因為它不容易區分這個理想自我究竟是被迫形成的，還是恰巧社會規則也正如你的期待？我曾在一個訪談節目中遇到兩位很在意外表的來賓，一位是自然狀態下很符合社會標準的漂亮女孩，另一位是為了達到社會審美標準而持續整容的女孩。乍看之下，是不是前者會比後者活得更自在一些呢？結果卻完全相反，第一位女孩因為成長在一個父母過分苛責外表的家庭裡，所以對於外表的任何話題都非常敏感和糾結。無論外界怎樣評價她好看的外表，她

都沒辦法坦然接受，完全不知如何回應。第二位女孩則很大方地跟別人分享自己整容的經歷，並且不避諱表達自己對外表的追求。

　　這兩個人都有可能將顏值放在「理想自我」中，但很顯然，兩個理想自我的狀態相差甚遠。那是不是第二種理想自我，也就是不按社會要求定義自己的方式更好呢？答案是未必。也許不容易像第一種理想自我陷入自我否定，但也容易發展為另個極端，那就是做什麼都反著來、特立獨行、處於反叛的自戀狀態。我唸國中時為了追求與眾不同，甚至刻意打扮得醜一些，這樣如果我其他方面的才華表現出來了，才能完全確認究竟什麼地方是真正的亮點。有時候回看那時期的照片，真是哭笑不得，頂著一個假小子的髮型，在慢慢找回自己之後，才發現我挺喜歡長頭髮的。雖然現在花在外表上的時間仍非常有限，但我發現自己的「理想自我」似乎更融合和平衡了，我會嘗試把多種元素都放進理想自我中，比如之前被我排擠的外表、一直以來追求的自由，最近又在考慮把愛學習也放進我的理想自我中。

　　我們在不同時期會把不同元素放進「理想自我」中，它們的任何變化都會影響一個人的自尊發展，這部分會在本章

第四節深入探討。回到我一開始提出的問題——「知道自己按照世俗標準看起來沒那麼優秀，但還是喜歡自己」是種怎樣的體驗？那就是你明確地知道自己的現實自我是什麼，沒有高估或低估自己，與此同時，你也會按照自己意願把認為重要的東西都放進理想自我中，這個理想自我可能和你的現實自我有差距，但你能夠分清這兩者各自的意識，並且找到完整看待自己的視角，而這種完整感就會讓你產生喜歡的感覺，因為喜歡的本質是接納。**很多時候，我們的不接納都出自一個原因，那就是自己總是比別人更快發現身上哪裡不夠好，然後無限放大它在「自我中的比重」，也就是理想自我過於單一。**比如小時候父母總是強調考第一名才是好孩子、才夠優秀，這種價值觀會滲透到長大後生活的方方面面——在工作上不能有任何差錯，我才有價值；各方面都是完美的，我才值得別人喜歡…等。在後續的方法工具箱，我們一起尋找自己的「現實自我」和「理想自我」。

自我的邊界：共同約束和懲戒

孩子是從什麼時候開始真正長大的？其實比很多家長認為的時間要更早。大部分人可能以18歲為一個分界線，但早

在7、8歲時，孩子就已經成為「小大人」了。而且這個詞並不是玩笑話，他們真的可以開始發揮更多主見，進行更多決策了，父母一定要學會放權，不然等到18歲時，孩子真的就還是孩子。

在小學階段，孩子有更多時間在學校中學習和生活，父母要開始慢慢把控制權轉到孩子手中，這個階段叫做「共同約束」，父母和孩子共用控制權。父母負責監督，孩子則享有自我調節的權利。這個時期的孩子常讓父母頭疼的一個問題是：孩子都和誰玩在一起，也就是交友的問題。我記得我上小學時常會聽到很多父母讓他們的孩子多和成績好的孩子玩，遠離那些愛吵鬧、成績不好的孩子。父母的想法不無道理，畢竟根據自己的生活經驗，近朱者赤、近墨者黑，難免覺得總和品行不正的孩子玩，可能會更容易養成壞習慣。但如果父母生硬地告訴孩子，甚至強迫孩子要和誰玩、不能和誰玩，孩子是不信服的，他們需要參與這個決策過程，同時父母也需保留一定的空間給孩子做決策，也就是自己雖然是更有經驗的一方，但不代表對孩子來說就一定是最正確的。

　　凡事都給孩子一個「商量的氛圍」，當他們感覺到公平時，他們會更傾向於遵循父母的意願。當然也不能太放任，畢竟他們的認知水平還是有限的，尤其是在多維度自我的特點下，他們腦袋裡的奇思妙想可是層出不窮，有些可能是危險的，就非常需要父母的約束。平時先把這個「溫和的權威形象」建立起來，就能避免「真到用時方恨少」的遺憾了。

　　不過即便有權威的形象，面對一些重大問題時，如何體現父母的作用仍是至關重要的，尤其是在「懲罰」這件事情上。大家可以回憶一下，小時候遇到問題，或自己惹麻煩的時候，父母都如何回應和處理呢？表4-1裡就涉及父母教育的四種類型。

表4-1 家庭教養方式

家庭教養方式		接納／回應	
		高	低
要求／控制	高	權威型	專制型
	低	放任型	忽視型

　　權威型：對孩子高要求和高控制，同時對孩子的需求又是高度接納和回應。比如電影《阿甘正傳》中，阿甘的母親

一邊教育他生活規則和做人原則的同時，也會格外留意他的心理敏感。當孩子遇到麻煩的時候，會和孩子一起討論，然後一起想出解決辦法。

專制型：對孩子只有高要求和高控制，不聽孩子提出的需求。在有些電影劇情中，母親常會被塑造成專制的形象，用孝順來綁架孩子的付出。這樣的父母在孩子遇到麻煩時，會把孩子甩在一邊，然後用自己認為更好的方式，替孩子擺平一切，完全不在乎孩子是怎麼想的。

放任型：平時沒什麼要求和控制，但是孩子有需求會第一時間出現。這種父母類型讓我想起了我的高中老師，他從來不管兒子是不是一直打遊戲或作業沒寫，只要兒子想買什麼東西，即便是限量版，也不猶豫地買給他。這樣的父母可能在孩子遇到困難時很難主動發現他的需要，如果孩子不說的話，就這麼忽略掉了。

忽視型：孩子本身沒有存在感。比如美劇《六人行》裡，莫妮卡的父母眼裡只有哥哥羅斯，自己無論怎麼努力，在父母眼裡都是透明的。這樣的父母在孩子遇到困難時不會重視，比如校方聯繫父母想一起商量怎麼解決孩子遇到的問題時，父母可能根本不會出現。

　　如果孩子的邊界感沒有健康地建立起來，在學校這個小社會裡就會傾向用原始的本能方式來解決問題，也就更容易捲入校園暴力的漩渦中。容易導致校園暴力行為的父母的教養方式多為專制型和忽視型，因為這兩類的孩子遇到問題時不會找父母求助，就更容易接觸到錯誤處理問題的方式，而陷入困境中。**很多時候校園暴力未必是非常怵目驚心的場面，可能是生活中非常小的細節，但長時間累積下來，會對一個孩子的自尊心造成侵蝕性的影響，甚至沒有參與的旁觀者也在無意間成了幫兇。**

　　我記得讀國中時，有個男生的頭型稜角非常分明，當時歷史課正在講北京猿人的特點，班上有調皮的男生幫他取了北京猿人的外號，叫了整整一年的時間，其他同學包括我在內，從來沒這樣叫過他，但是我們會覺得好笑。一年後，我們升到高年級時就沒有再看到他，聽班主任說他留級了，因為我們班的風氣非常不好。當時沒有人在意這件事情。我自從學了心理學之後，不知為何常想起這件事情，那件事情的本質其實就是校園霸凌，我也一直在想如果當時有不同的反應和做法，也許那個男生也不用耽誤一年的學習時間了。**自我邊界是個很重要但很容易遺漏的教育議題，是家長、學校**

和社會需要承擔起來的重要責任，沒有一個孩子應該成為任何暴力形式的犧牲品。

方法工具箱：去掉人設

現在網路上很流行人設，比如明星需要有不同特點的人設來吸引不同群體的粉絲，一旦定了之後就好像很難修改，否則會面對比較大的阻力，因為人們往往需要一個穩定的期待來獲得建立關係的安全感。普通人的生活其實也是如此，我們需要在自己的社交圈裡建立某種人設，這樣才能找到在團體中的位置，讓別人有穩定的期待，也藉此知道在什麼情況下，自己的人設要如何回應。其實有個人設也不是什麼糟糕的事情，它的確可提供一些人際關係交往的參考，或可把人設理解成「人格中核心元素的對外表現」，我們每個人當然都有些與眾不同的特點。

不過，一旦某種人設變成枷鎖，當我們做出不符合自己的人設時，就會面臨社交圈子中的人際壓力，大家會不適應，為了避免這種壓力，我們又會縮進自己不喜歡的人設中。想真正打開自己，我們需要「去掉人設」的方法。

第一步：現實自我 VS 理想自我

分別寫出能代表你的「現實自我」和「理想自我」的三個詞彙或表達，詞性盡可能是描述性質的，而不是評價性質的（比如不符合大眾審美的單眼皮是描述性質，但眼睛醜就是評價性質）。舉個例子，以我來說：

現實自我：

· 外型條件在社會主流標準中屬於平均水準。

· 工作不穩定、有風險。

· 有志同道合的朋友，但不能常常見面。

理想自我：

· 有自己的外型和氣質風格，簡約但多元。

· 能做出一番為社會提供意義和價值的事業。

· 志同道合的朋友都住在距離很近的地方。

完成後，審視一下現實自我和理想自我之間的差異，確定一下這樣的差異是自己想追求的人生方向呢，還是成了完成別人期待的被迫使命？如果是前者，那麼大膽去追求；如果是後者，那麼就需要第二步的說明了。

第二步：多維度自我。

試著把自己帶回那個「自我開始綻放的階段」，然後創造一個新的機會，回想一下小學階段，那時你有哪些興趣和好奇心是因為各種外界因素而沒有機會去嘗試的。同時也可以加入現在才出現的一些新想法和念頭，然後匯整它們並且一一列出來，這些可能都是被你遺失的一部分自我，這個清單越長越好。跟大家分享一下我覺得可能遺失的自我：

電子琴、爵士鼓、古箏、畫畫、舞蹈、英語、旅行、歷史、漫畫、桌遊、電腦遊戲、哲學、寫作、導演⋯

然後寫出看到自己清單的第一觀感，任何想法都可以，讓直覺聯想的發散思維表達出來。比如我看到這個清單的第一感覺是，這些我仍然感興趣的事物在目前的生活裡竟然幾乎沒有存在感，我似乎和我自己很重要的某部分分裂了。如果你在第一步中不知道自己真正的理想自我是什麼，就可以從這裡找到答案。

第三步：成為自己的理想父母。

　　即使自己找到了方向，但實現的過程需要時間和支援，我們需要一對理想父母幫助我們，萬一你遇到了困難，很顯然理想父母的角色可能是缺失的。那麼這時候該怎麼辦呢？時光無法倒流，我們並不能真正改寫過去的事實，但可以創造新的事實，那就是成為自己的理想父母。剛才提到的幾個父母類型，就是我們參考的方向，**我比較推薦大家在權威型和放任型之間找到適合自己的一個平衡狀態，也就是你希望自己曾經得到怎樣的對待，那麼就試著按照那樣的方式重新對待自己。**但如果我們偶爾對自己有忽視或者專制，也是合理的，因為理想父母並不是完美父母，我們會朝著一個正確方向發展，但不一定要完全成為理想的樣子才是目標。我們在成為理想自己的過程中努力、堅持，就是我們應該有的模樣。

第二節／行動

為什麼我們討厭努力

　　「努力」曾經是備受推崇的一個人格特質，是種誇獎和讚揚，但現在「努力」卻似乎變成了貶義詞或者帶有諷刺的評價。很多人都傾向於在人前營造一種不在乎努力，甚至鄙視努力的形象，這種風氣導致很多真的願意付出努力的人只能偷偷努力，來避開這種很難對抗的社交壓力。這種壓力大致來自兩種原因，一是我們對於智商和天賦過高的追捧，認為它們是比努力和堅持更值得追求的特質；其二是我們很害怕即使努力，結果還是失敗的挫敗感和羞恥感。我們要讓努力再次以它本來的樣子重新回到我們的生活，它不應該被嫌棄，而是我們在想要實現的人生目標上一個不可或缺的裝備。如果沒有這個裝備，我們就會患上一種稱為「拖延症」的現代病，導致人生目標一拖再拖。很多人回憶起學生時期是非常自律和刻苦的，好像拖延症是成年後隨著事情越來越多、壓力越來越大才出現的問題。但事實上，拖延症一般是

很早的時候就埋下了種子，只是沒有機會表現出來，一旦人生階段進入相對更自由、沒有外在緊密監督的時期，拖延症的隱患就會爆發出來。這個隱患在成長階段的表現有可能是缺失兩個重要的夥伴——興趣嗜好夥伴和動物夥伴。

興趣嗜好夥伴

多維度的自我，必然帶來多維度的人生樂趣，「才藝班」這種課外活動形式在小學最為盛行（現在參加才藝班的孩子年紀反而是越來越早了）。大部分的自我都是在家庭、學校和社會的監督下形成的，興趣嗜好會成為和自我相比更加自由的一種延伸。若你有選擇興趣的權利，自我的形態就更豐富些；但如果連興趣嗜好都是被安排的、被強迫的，孩子將進入一種無處可逃的困境。

大家還記得自己小時候有什麼興趣嗜好可以成為自己的夥伴嗎？我小時候很喜歡畫桌遊的地圖，一張A4紙不夠，就需要把好幾張紙拼在一起，畫好了之後就自己玩。這是我小時候遇到煩心事時安慰自己的方式，但只能偷偷畫，因為父母認為只有學習才是正經事，其他事都是浪費時間。但興趣嗜好夥伴的作用非常重要，它同時肩負著為孩子提供自我

發展和安全感的重要職能，尤其有很多孩子是偏向迴避型人格，可能沒有辦法用肢體語言溝通來表達內心很多的想法，但他們仍需要一個管道來釋放自己的情緒和壓力，所以擁有適合自己表達的方式至關重要。

我到現在也很喜歡一個人玩桌遊，遊戲的競技性對我來說不是最重要的，而是融入到一個製作精美的桌遊棋盤中，擺弄各種人物和零件，是最能釋放情緒的部分。我身邊有一個迴避型的男生好朋友，平時與人溝通沒有問題，但每當他碰到比較大的情緒問題時，第一選擇就是帶著籃球去球場和陌生人打籃球。籃球就是他的夥伴，他不止一次跟我表達籃球這個好友對他的重要性。讓他真正和籃球成為如此信任的夥伴，也是因為國中時家裡曾出現一次經濟危機，中午吃飯時間常常沒有著落，為了不讓身邊的同學發覺，他會去球場打球，所以很感謝籃球陪伴他度過了那段很辛苦、很無助的人生階段。

從某種意義上講，興趣嗜好夥伴能為我們帶來的安全感程度是最高的，因為他們是屬於我們的，不像是真正的人際關係，總是多多少少要擔心被拋棄和對方也許會離開的可能性。所以興趣嗜好夥伴是一種終極的安全感夥伴——你有絕

對的話語權，也有絕對的支配自由。

當我們長大後，似乎忘記了這種本能，淹沒在學業和工作的壓力中，所謂的興趣嗜好也不是真正的夥伴，只是打發時間的工具。真正的興趣嗜好夥伴是能讓你跟自己有一段相處和對話的時間，安慰和支持你，而不是掏空你、持續逃避現實、上癮到無法自拔的消耗品。如何判斷一個興趣嗜好是不是你的夥伴呢？很簡單，只需要在完成興趣嗜好之後，感受自己的狀態是放鬆的、充實的，又或者空虛的、焦慮的就可以了。如果是前者，恭喜你，有一個一直陪伴你的興趣嗜好夥伴；如果是後者，也不用擔心，最後的方法工具箱將帶大家重新找回屬於自己獨一無二、可信賴的興趣嗜好夥伴。

動物夥伴

大家還記得在小學時期養過什麼小動物當寵物嗎？動物夥伴在兒童的人格發展中有非常重要的作用，但這種作用經常被忽略。動物夥伴會對孩子的「基本信任」產生影響，並且對孩子獲得勤奮的技能非常有幫助。兒童很容易和動物建立信任型依戀，進而轉化為對兒童的情感支援，這樣的關係還能伴隨孩子在長大的過程中學會承擔和照顧他人，慢慢地

完成「**以自我為中心的感知方式趨向更社會化**」的互動方式轉變。

我小學的時候養過小貓，還有小雞和小鴨，但我最想養的是小狗，但是父母以不好打掃為由拒絕了，退而求其次，我選擇了其他更容易打理的小動物。雖然當時和這些小動物的共同生活經歷給我很多情感上的支持，但對我影響最大的動物夥伴還是狗，這個心願在我獨立生活後終於實現了。所以找到最適合自己的動物夥伴也是非常重要的，因為每個人和不同動物之間的連結感不同。如果童年時期缺少這個部分的話，當你開始獨立生活之後，我非常推薦把這個需求補足，尤其是對於在安全感、信任感方面有缺失的人來說。

相較於興趣嗜好夥伴，動物夥伴更加接近人際關係的模式，所以是一種逐漸遞進的人際互動練習。很多有兄弟姐妹的家庭，很自然地擁有了近距離和多人互動的經歷和經驗，但在這種關係中，最小的孩子很難得到人際練習，往往成了整個大家庭的關注重心，不易發展出同理心和責任心。尤其像我所處的20世紀、90年代出生的人來說，因為響應計劃生育的號召，所以當時獨生子女居多，就更加沒有早期的親密人際關係的練習機會。而動物夥伴就可以非常完美地填補

這個空白，一方面是動物回應往往是及時、充分的；另一方面，與人類相比，在保證安全接觸的情況下，被小動物造成心理傷害的機率更小一些，所以擁有動物夥伴是一種非常理想的體驗和理解夥伴關係的方式。

相比於人類，由於動物的生命週期更短，所以父母有更多機會教育孩子人生不同階段的一些道理和體驗。我之前關注的一個柴犬視頻博主，她和老公養了兩隻柴犬，四口之家相處了很多年，然後迎來了夫妻兩人的第一個小寶貝，在這個孩子的成長過程中，夫妻倆很注重孩子和小狗的互動過程中進行正確引導和教育，比如有情緒時不能隨意打罵小狗，要平等地看待它們的生命，於是教會了孩子如何尊重生命。等孩子再大一些，會把遛狗、餵食…等照顧小狗的責任慢慢教給孩子，但孩子多少會有懶惰、偷懶的時候，家長在這時就有一個很好的教育機會，他們讓孩子看到如果沒有按時餵小狗，牠們會餓得轉圈圈，因為牠們沒有能力自己找到食物，所以我們是牠們的依靠，藉此教會孩子如何理解和承擔責任。飼養過程中會有辛苦的時候，也有看到小狗吃飽飯開心地過來求撫摸的時候，這過程能讓孩子完整經歷責任感的建立過程。與此同時，當孩子對於動物夥伴來說類似父母角

色的時候，那麼他們也就更容易理解自己和父母的關係。

　　除了上面提到的尊重、責任感之外，還有一個重要議題，是在動物夥伴關係中可以讓孩子學習和體驗的，那就是死亡。比如小雞、小鴨、金魚…等，初期養的時候，很容易因為沒有經驗而讓它們過早地離開世界，這時孩子就有機會經歷和面對死亡。不要把死亡看作非常可怕的事情，及時地讓孩子感受到生命週期，能讓他們更早建立對於人生完整的基礎認識。總之，在動物夥伴的關係中，有很多教育素材能使用，比如孩子可能更喜歡兩個動物夥伴的其中一個，或者孩子的動物夥伴可能跟父母的關係更好…等，都是可以和孩子討論對應的情緒概念，比如偏愛、公平、嫉妒…等。這是一個得以在安全氛圍和環境裡，讓孩子體驗一些有挑戰性、複雜心理概念的難得機會，之後當孩子在現實生活中遇到真實的類似體驗時，大腦已經有了應對經驗，更不容易因為不知所措而造成負面影響和心理創傷。

拖延症的前世今生

　　成年後突然出現的「拖延症」，往往不是意外，一般來講都是小學階段的心理發展受到一些阻礙，因為此階段主要

是完成發展出勤奮特質的任務。如果你現正經歷拖延症的困擾，那麼要好好回顧一下小學時期的經歷，然後找到解鎖的線索。

拖延症在心理學上的定義是：「在預料結果有害的情況下，仍然把計劃要做的事情推遲的一種行為」。這裡有兩個要素需要關注，那就是「有害」和「推遲」。常見的原因有三：

第一，童年父母教養方式不健康，過於苛責的管教讓你的延遲滿足能力（可以等待一段時間滿足原始需求的能力）大大下降，也就是之前提到的教養方式中的「專制型」，所以成人獨立後會用拖延方式來補償自己缺失的即時滿足感。比如，我現在一定要看電影，我現在一定要玩遊戲，我現在一定要吃點東西…等，屬於「當下一定要爽一下」的模式。

第二，怕失敗。人是善於自我欺騙的動物，明知自己能力有限，但是只要像鴕鳥一樣把腦袋放在沙裡，似乎就可以不用承認自己有限的能力。拖延就是這堆沙子，我不做，那就沒有證據可以證明我能力差了，所以能拖多久就拖多久。

第三，全有或全無思維。除非認為自己可以完美地完成一件事情，否則就不做，絕對不能忍受一件事情做出來的結果是有瑕疵的，是不夠好的。

而這三個原因，都是在小學時期應該開始重點關注的三個重要問題：

Q 父母是用怎樣的教養方式（權威型、專制型、放任型、忽視型）來教育自己的？

Q 自己失敗的時候，父母是如何和你一起應對解決的？

Q 全有或全無的思維是否在這個階段就已形成？

如果這些答案都確實指向了小學階段存在的問題，那麼就找到了拖延症的源頭。找到之後再回到現在，審視一下當下的自己：

Q 如果你當自己的父母，你對自己的教養方式是哪種類型（權威型、專制型、放任型、忽視型）？

Q 在現在的學業或者事業上，如果遇到了失敗和挫折，你會如何對待自己，以及是如何解決的？

Q 現在是否有全有或全無思維？

將上述兩個階段的三個問題進行對比，是否發現有一定的關聯和相似性呢？很多人說討厭父母對待自己的方式，但後來驚訝地發現自己變得越來越像他們。原因就在於，小學時的我們心智還比較稚嫩，所以會把父母當作神一般的存在，不管被他們用怎樣的方式對待，都會被我們合理化，並

當成最正確的參考。哪怕我們心裡知道是不對的，但也沒有辦法用對抗的方式和他們對立，因為相較於完全失去父母，有一對糟糕的父母是更好的選擇，否則孩子很難真的生存下來，我們會擔心父母會不會拋棄自己、會不會不愛自己、會不會更加嚴厲地責罰自己？生存的擔心，本質上就是對死亡的擔心，這裡的死亡並不是肉體上的，而是一種自我消失的象徵。為了不去思考這個可怕的問題，我們更傾向於用屈服的方式來獲得眼前片刻的安寧，保持和父母並不那麼滿意的關係，因為和父母連結的中斷，就像面對死亡一樣令人感到恐懼。

　　但也正是因為如此，我們更需要把它放在更透明的空間裡進行審視，逃避終究只是打造了更厚的城牆，卻不能消滅心魔。對於死亡，我們應該「敬畏」，但不該「畏懼」。死亡是在目前科技發展階段仍一定會發生在每個人身上的事件，而「我們都會死」也許就是這個複雜世界裡絕對公平的唯一事情。單憑這點，死亡就值得敬畏。但是大家對於死亡各有不同程度的恐懼和害怕，這畏懼讓我們逃避對死亡的思考。很多心理問題，尤其是焦慮，便產生在這無休止的「畏懼死亡」當中。死亡是個必然會發生的事情，持續性地抗拒

和迴避死亡，其實就是把整個人生變成了一場「拖延」。死亡的象徵意義可能是你的焦慮、深層恐懼、羞恥感，就是一切會讓你產生精神上的瀕死感、窒息感，是你不想面對的那些感受，拖延到底是為了拖什麼呢？就是為了拖這些。

方法工具箱：活力重組

如何找回勤奮活力，結束不斷被消耗的狀態呢？只要一套活力重組教程就可以。它類比了我們最初獲得勤奮技能的階段需要完成的任務，這些任務可以幫助你啟動沉睡的勤奮特質。可以按照下面的步驟進行，或根據你現在的情況，選擇更容易達成的方式。

第一步：發展一種興趣嗜好成為你的夥伴

你可以從童年回憶或現在感受中尋找屬於你的興趣嗜好夥伴，請多列幾種，哪怕和你只有一點點關係也好，甚至只是閃過腦海的一個關於興趣的想法，將其列成清單。然後從中選定你接下來要培養的一個或若干個興趣，當其中一個能讓你產生陪伴感、支援感、安慰感時，那麼它就是你的興趣嗜好夥伴了。不用一開始就選定某一個興趣，非它不可，可

以在嘗試過程中感受它和你的關係，不合適就進行更換，不用給自己太大壓力。

第二步：發展一個有生命形態的夥伴

參考第一步的方法，列出一個你想接觸的生命形態的清單，可以是植物、動物，任何有生命體都可以。然後在條件允許的情況下，從清單中選取一個最適合你現在狀態的生命夥伴，想像當你想到這個生命夥伴時，你的生活就多了活力、希望和期待感的時候，那麼它就是你的生命夥伴了。

不過不同於興趣嗜好夥伴，在選擇生命夥伴時，可能嘗試和更換的自由度沒有那麼高，因為對於有生命體的夥伴，所要擔負的責任是更大更重的。比如，如果養了某種動物當寵物，遺棄是一個要事先審慎思考的問題。所以在這一步需要有一個額外的生命保障卡，來確保一旦發現自己和這個生命夥伴不合適，也要有很妥善的處理，並根據表4-2的生命保障卡中的內容提前進行準備，也可添加任何你認為有必要的生命保障內容。

表4-2 生命保障卡

1.你給自己嘗試和磨合的時間是多久？	答：
2.如果磨合的結果是不合適，那麼妥善的處理是什麼？	答：
3.妥善處理是否提前準備好了？	答：

　　除此之外，開始和一個生命夥伴相處之前，可先了解和學習一下這個生命體的基本特點，以及其他人和他們相處的經驗和攻略。

第三步：為自己撰寫墓誌銘

　　哪怕死亡離你的年紀還很遠，也請你試著為自己寫一個墓誌銘。如果你明天就消失了，那來緬懷你的世人能從你的墓碑上看到什麼呢？比方你這一生有什麼成就呢？值得後人懷念你的地方是什麼？可以寫任何你想為這個世界留下的內容，它可能隨著你的年齡和心境會發生變化，但請你一定要自由書寫，並在腦海中置身於那個緬懷的場景，去感受你想給這個世界或者還惦記你的人，甚至哪怕是陌生人，留下關於你的表達。

　　我第一次寫墓誌銘是我在2014年申請出國留學的研究生時期，那也是我第一次用墓誌銘的方式來審視接下來的人生。其他內容我記得不是很清楚，但我一直記得開頭的第一句話：

　　我的墓誌銘（2014～2021）：葬在這裡的人，為中國的心理諮商領域做出了力所能及的貢獻，並且在歷史中留下痕跡。

　　7年過去了，我在這期間一直用這個墓誌銘指引自己的方向，為了這個職業能成為像醫生和律師一樣的規範化社會職業努力和堅持著，現在已經幫助越來越多的心理專業領域的從業者真正進入專業的心理行業。現在我首次在本書中修改這個墓誌銘，因為隨著實際工作深入了解這個職業後，我的方向更清晰和篤定了，希望這個更新後的墓誌銘能繼續為我指引方向，帶我繼續義無反顧地走接下來的人生：

　　我的墓誌銘（2021～　）：葬在這裡的人，為中國的心理健康社會化的功能完善和發展，一生努力著。

　　現在是你的墓誌銘時刻了，它會如何表達呢？如果你計劃嘗試這個步驟，請一定要把它寫在對你來說不會忘記查看的地方。也許它會和你的興趣嗜好夥伴、生命夥伴一起，陪伴你接下來的人生。

第三節／勝任感

要向自己邀功呀

　　勝任感是幸福感的重要成分，如果沒有勝任感，體驗到的幸福感都是別人給的，很難從自己身上獲取。需要依賴外界的幸福感很短暫，會引發不安，甚至患得患失，而且這種幸福感常常很難和別人共用，生怕被人搶走。而我們真正需要的幸福感一定是從內在感受到的，甚至可以分享給別人，哪怕別人有同樣的體驗，我們也不會擔心幸福感會拋棄自己。勝任感和歸因方式有很大的關係，我們怎麼解釋一件成功或失敗的事和自己的關係，就是歸因方式。如果歸因方式出現了問題，就會出現這種情況：在一個公司裡，你做了所有的工作，但是別人搶在你前面和老闆邀功，老闆就以為你什麼都沒做，把你做的事情帶來的成績、獎勵和榮譽都給了那個邀功的人。這聽起來好像自己傻傻的對吧？但很多時候我們就是這麼對待自己的，明明曾經做了很多了不起的事情，但從不向自己邀功，導致我們根本不知道原來自己是很

厲害、很優秀的。這一節，讓我們好好聊聊這個「不邀功的壞傢伙」。

自知之明：歸因

　　怎麼看出一個人有沒有勝任感呢？那就是同時具備自知之明和全力以赴的行動力。自知之明在這裡並不是一個貶義詞，在這裡是想表達一個人能夠客觀自信的歸因能力。接下來，首先了解一下歸因理論，它指的是在日常人際關係交往中，人們為了有效地控制和適應環境，往往對於發生在週遭環境的各種社會行為有意識或無意識地做出一定的解釋，即認知整體在認知過程中，根據他人某種特定的人格特徵或某種行為特點推論出其他未知的特點，以尋求各種特點之間的因果關係。簡單來說，就是知道自己為什麼做成一件事情或者搞砸一件事情。美國心理學家伯納德・韋納認為，人們對於行為成敗原因的分析可歸納為以下六個：

　　第一，能力：自己是否具有完成一件事情需要的知識或者技能。

　　第二，努力：自己是否在完成任務的過程中付出力所能及的行動。

第三，任務難度：依據個人經驗判定完成任務的困難程度。

第四，運氣：個人自認為任務的成敗是否與運氣有關。

第五，身心狀態：工作過程中個人當時的身體及心情狀況是否影響工作成效。

第六，其他因素：除了上述原因外，是不是有其他相關的影響因素。

比如拿我寫書這件事情來說：能力上具備心理知識和寫作技能；我在完成書稿的過程中，大部分時間是自律和刻苦的，但也有想偷懶歇一歇的時候；寫書對我來說是第一次嘗試，還是很困難的，有很多未知和挑戰也是第一次遇到；當時過程中的身心狀態時好時壞，很容易焦慮；也有很多其他因素，比如親人朋友的支援和陪伴、編輯的鼓勵、閱讀前輩的著作…等。

每個人對這些原因的組合和運用各不相同，而且即使歸因於同一個原因，歸因的穩定性、是內因還是外因、可控性，也都是不同的，大家可以透過表4-3來感受一下。

表4-3 歸因維度

	穩定性		內在性		可控性	
	穩定	不穩定	內	外	可控	不可控
能力高低	+		+			+
努力程度		+	+		+	
任務難度	+			+		+
運氣好壞		+		+		+
身心狀況		+	+			+
外界環境		+		+		+

　　上面已經說過表格左側的六個因素分別代表的含義，關於第一欄的三個維度的因素，我再詳細解釋一下，好讓大家理解。

　　第一，穩定性。意指某個因素是否在任何情況下，歸因結果相對來說都較為一致。在六個因素中，一般能力高低和任務難度都是較為穩定的；努力程度、運氣好壞、身心狀況和外界環境則就不一定了，它們是完成一件事情的過程中容易出現波動的因素。

　　第二，內外性。意指某個因素究竟是跟自己有關，還是跟外界有關。在六個因素中，能力高低、努力程度和身心狀況都和自己有關，另外三個因素則比較依賴外界。

　　第三，可控性。意指你自己是否可控制某件事、是否由自己的意願所決定。在六個因素中，除了努力程度，剩下的因素都被心理學家伯納德‧韋納認為是不可控的。

　　這裡要澄清一下可能引起歧義的地方，在不可控的因素裡，能力和身心狀況似乎被認為是可控因素。但要注意，這裡提到的「不可控」並非代表能力、身心狀況…等因素是永遠不變的，而是說能力和身心狀況提升還是要以努力為前提，而且即使努力了，提升也不是必然的。這樣看起來，我們對人生的可控性確實比較受限，但需要控制的事情倒也簡單，這樣想來，是不是壓力也會小一些？我們只需要考慮「努力」這件事，其他方面都是水到渠成的結果，耐心且順其自然等待就好。

全力以赴：期望和價值

　　我們已經了解所有的歸因方式以及它們的特點，現在可以開始思考自己成功或者失敗的時候，分別傾向於如何歸因。以我自己來說，經歷過歸因方式的改變——以前是在成功的情況下，歸因於自己的運氣；在失敗的情況下，歸因於自己的能力；而現在無論是成功或失敗，都較傾向於歸因於

自己的能力，似乎很少再考慮運氣的事情。那麼，這兩種歸因方式就有較大的差異了：前者的歸因方式，容易削弱自己的價值感，也就是成功並不是因為自己，但失敗卻都是自己的錯。後者的歸因方式，會給自己比較大的壓力，好像不管成功或失敗都和自己有關，需要承擔全部責任，當然它也有好處，那就是自己的可控性比較強，因為能力是可以透過正確方法和持續努力來提升的，這樣的期待能為自己帶來希望，並提供下次繼續嘗試的動力。

　　以上是關於「自知之明」的討論，那麼何為「全力以赴」呢？究竟什麼因素會影響我們做下一件事情的動力呢？

表4-4 歸因維度：穩定性和內外性

	穩定性		內在性	
	穩定	不穩定	內	外
能力高低	+		+	
努力程度		+	+	
任務難度	+			+
運氣好壞		+		+
身心狀況		+	+	+
外界環境		+		+

　　因為可控性這個因素中，除了努力之外都是不可控的，討論空間不大，所以透過表4-4來看穩定性和內外性這兩個維度。首先這兩個維度是彼此獨立的，穩定性決定著我們下次做同件事情時是否還有期待，內外性則決定了下次是否認為做同件事情仍有價值。如果一個人在歸因時較傾向於穩定的因素，比如能力或者任務難度，那麼下次做這件事情的時候就會期待繼續成功；如果傾向歸因於不穩定的因素，比如努力程度、運氣好壞⋯等，那麼下次就會覺得不那麼有把握了。對於失敗的事情，若總是歸因於穩定的因素，比如能力太差或任務太難，那麼之後再遇到類似的事情，就會更容易做失敗的預期和打算；如果把失敗歸因於不穩定的原因，比如上次就是運氣不好或努力不夠，那麼對於下次的任務能否成功還是有很大期望的。

　　接下來看內外性這個因素，如何進行這個因素的歸因，將影響著我們對個人價值的判斷。如果我們成功完成某件事的時候會歸因於內在的原因，比如能力、努力或者心理素質⋯等，那會非常有價值感，並因此獎勵自己；如果是外部歸因，比如成功是因為任務簡單或自己運氣好，那麼即使做成了一件事，也不會覺得多開心。對於失敗的事情，比如某

個科目總是考不好，此時若認為是自己天賦能力不行，那多學無益，就不想再多付出努力，因為覺得怎麼學都學不好，會更容易放棄；但如果認為是老師教得不好，自己仍有機會能補足，那麼可能會有動力去上補習班繼續學習。

綜合上述，人什麼時候最容易進入全力以赴的狀態呢？那就是既敢對自己有高期待，也能感受到自我價值的時候，換句話說，就是成功時傾向於穩定地向內歸因，失敗時傾向於不穩定地向外歸因。但很多時候我們的歸因方式是相反的，比如考好了就覺得運氣好，出的題剛好都會，自己不會的題正好沒出；考壞了就覺得這就是自己的真實水準，上次考好只是運氣好而已。那你可能會問，每次都考好是不是就有價值感了？也未必，如果一個人的歸因方式是削弱自尊的，就會強行讓自己認為每次都是運氣好而已。

我想大家身邊可能有過那種平時小考成績不錯，但到大考時就突然出現很大波動的同學，或是你本身就有過這樣的經歷，這很可能是由於歸因方式導致的。這樣的人會覺得自己沒那麼厲害，遇到大考時就會現出原形，帶著這樣的擔心和焦慮，就很難有最佳的考試狀態。若最後真的影響了成績，又坐實了自己的歸因推測，下次繼續用這樣的方式來歸

因，價值感便很難建立起來。成功的經驗反而成了削弱自尊的證據，真的是令人心痛的事情，如果大家經歷過這樣的困擾，一定要好好學習一下最後的方法工具箱。

生活不能自理 VS 工作狂

勝任感太少或太多，都不是好事。如果覺得自己什麼都做不了，那就會退縮到家庭的保護傘之下，沒有辦法獨立生活；但如果太過於勤奮，可能會忽略必要的社會關係，變成「工作狂」。

先討論一下勝任感過低的情況，因為不相信自己可以獨立完成任何事情，所以非常希望能找到可依賴的對象，小時候是父母，長大後可能是同學，再後來可能是戀人。即便很幸運，在人生的每個階段都找到可依賴，也願意讓自己依賴的人，同時順利地過這一生，但其實在這過程中，被依賴的人在本質上是被充當工具，表面上好似依賴別人的被動關係，實際上是不平等的關係。

我從高中開始，就很喜歡觀察周圍的人際關係，其中有種類型很有意思，我取名為「連體嬰關係」。我發現有這樣類型的女生，我從未見過她單獨一個人的樣子，每次看到

她，無論上洗手間、吃飯的路上、上學的路上、操場上，一定有另一個人陪同。後來，和她很要好的朋友成了坐我隔壁的同學，我才知道事情的另一面，很多時候那個女生提出來的同行需求，她不太想配合，比如下課時她不想去洗手間，對方就強行拉她陪伴；如果拒絕的話，對方就說她不夠意思，直接賭氣不去了。就這樣，兩個人拉拉扯扯一年多，這位同學覺得太過窒息，單方面結束了這段關係。後來看到那女生一個人無助的樣子，有陣子心生憐憫，但沒多久，對方又找到另一位可依賴的朋友，結束了上一段友情結束帶來的痛苦。這種把人當成工具的不平等關係，好像自己處於有利的優勢地位，但它是個陷阱，其實被我們真正當成工具的人，是自己。

　　再來討論勝任感過強的表現，即「工作狂」。同樣地，只要這種狀態是自己的主動選擇，並且願意承受隨之而來的代價，也不失為精彩的人生，比如很多大企業家都是這種類型，每天睡眠時間很短，只為全力工作，即使身體亮紅燈也不願停下來。雖然這樣的狀態在很多人看起來可能不健康，甚至是病態的，但還是那句話，一個人是否正常或者健康，本人的個人意願和對自己的影響程度才是最終的判斷標準（

達到精神疾病診斷標準的除外）。

　　不過，我們還是要談談工作狂狀態可能有的潛在危險。過度執迷於事情本身，其實可能是對於充滿危險和未知的社交關係的一種排斥和遠離，這樣就可保護自己免受傷害。畢竟，事情再複雜再難，總還是有一套相對固定的邏輯規則能參考，但在人際關係中，並沒有像參考書般的範本讓我們搞懂箇中原因。疏遠人際關係固然可在一定程度上保護自己，但也幾乎切斷了所有練習的機會、形成自己與人相處的理論，這是需要大量人際相處經驗才能形成的理論。通常，這類人遇到一些棘手或有挑戰性的關係，比如戀愛中的波動、人事關係的變動，由於之前沒有相關經驗理論，較有機會造成較大的情緒創傷。比如我的來訪者中，有些人在事業上非常成功，但卻很容易被一件很小的感情問題絆住手腳，加上缺乏經驗，之前累積太多的情緒爆發而造成失控。一旦有過失控的經歷，就想趕快回到自己的舒適區，再次切斷了人際關係練習的機會，下一次遇到人際關係波動時，可能又是一場大災難。

　　無論是勝任感過低或過高，都一定要在自己狀態好的時候，試著做一些舒適區以外的事情。如果缺乏獨立能力，那

就為自己創造一個人做事情的機會；若過分獨立，就創造一個自己所信任的人能感受到情緒的機會。跳出舒適區是一個已經很泛濫的概念，但它仍有價值，最重要的意義就在於，讓我們在狀態好的時候儲備、準備一些面對不擅長的事情時需要的工具，這才是對自己最好的保護。如果正在看這本書的你，此時此刻狀態還不錯，那一起來試試「歸因模式大換血」這個能夠提升基礎勝任感的方法吧！

方法工具箱：歸因模式大換血

讀到這裡，大家應該已經了解勝任感和歸因模式有很大的關係，想提升自己的勝任感，找到那種「只要我想做一件事情，就勇於嘗試」的狀態，得從根本上調整歸因模式。

第一步：歸因掃描

首先我們需要掃描一下自己現在的歸因方式是怎樣的，請大家想想目前為止人生中印象特別深刻的六件事情，包含三件成功的事、三件失敗的事，然後按照下述的要求填入表4-5。

填表要求：在每個事件下方，標出你認為這個事件之所以成功或失敗的三個重要原因，在對應位置打勾即可。

表4-5 歸因掃描

歸因因素	成功事件1	成功事件2	成功事件3	成功事件4	成功事件5	成功事件6
能力高低						
努力程度						
任務難度						
運氣好壞						
身心狀況						
外界環境						

　　透過填寫表格，我們能直觀地看到自己的歸因風格，如果你希望更加了解和確認的話，也可以增加更多的事件來分析歸因風格。

第二步：找到病因

　　這裡的病因並不是說真的生病的程度，意思是我們要找到癥結點，否則只是不斷重複同樣模式、承受同樣的痛苦。常見的癥結點不多，這裡總結出三種，提供大家參考。

　　癥結點一：與我無關

　　如果查看上述表格，成功事件1、2、3和失敗事件1、2

、3的歸因中，能力高低、努力程度、身心狀況在所有因素
中佔的比例低於40%，顯示出「與我無關」的傾向，那就是
你並不認為一件事情的成功和自己的內在特質有較大的關
係。這個癥結點會讓你進入一種非常痛苦的迴圈，那就是你
越成功就越恐慌，擔心自己其實沒有真正實力的這個秘密總
有一天會曝光。

癥結二：過度縮小自己

　　如果成功事件1、2、3的歸因中，能力高低、努力程
度、身心狀況這三個因素在所有因素中佔的比例低於40%；
同時失敗事件1、2、3的歸因中，能力高低、努力程度、身
心狀況在所有因素中佔的比例高於60%，顯示可能有「過度
縮小自己」的傾向，你認為失敗全是自己的責任。這會導致
一個人總是把自己攤在放大鏡下審視，而且只看缺點，好像
那就是自己的全部。

癥結三：總想甩鍋

　　如果成功事件1、2、3的歸因中，能力高低、努力程
度、身心狀況在所有因素中佔的比例高於80%；同時失敗事
件1、2、3的歸因中，能力高低、努力程度、身心狀況在所
有因素中佔的比例低於20%，顯示可能有「總想甩鍋」的傾

向，也就是好事都是自己做的，但是壞事都是別人導致，在主觀上總是處於自我感覺良好的狀態。因此在現實生活中沒辦法客觀地評價自己，當學業或工作上無法取得自己理想的成績時，會處於一種埋怨外界的狀態中，別人也無法靠近。

如果你不符合上述任何一種，恭喜你，說明你的歸因方式相對比較平衡，如果有時會因為歸因方式造成困擾，也只需微調即可，並非太大的問題。如果發現自己有上述的癥結點也沒關係，我們可以進行最後一步。

第三步：更換致病因素

其實這一步學習起來很簡單，唯獨需要的是大家的長久堅持，因為你的歸因方式並非一夜形成，所以在更換過程中需要給自己時間和耐心。每次在成功或失敗之後，只需要額外的一點點努力，長久累積下來，就能從根本改變自己的勝任感，讓我們做什麼都元氣滿滿。

方法一：「與我無關」的剋星：睜大眼睛

每次做成功或做失敗某件事情後，為自己做一次複盤，也就是在原來歸因的習慣上，額外增加能力高低、努力程度、身心狀況這三種歸因因素中的一種。建議幫自己準備一

個專用的筆記本，記錄每次的歸因結果。特別是符合「與我無關」此癥結點的讀者，一定要「睜大眼睛」看看自己漏掉的重要因素，如果每次都能撿回一點，至少我們就能成為自己生活的中心。

方法二：「過度縮小自己」的剋星：抖抖土

在成功事件中，需要額外關注能力高低、努力程度、身心狀況這三方面，至少要在原來歸因方式的基礎上額外增加一個；而在失敗事件中，則需額外關注任務難度、運氣好壞、外界環境這三個方面，每次歸因時，至少增加一個。

方法三：「總想甩鍋」的剋星：多視角

每個失敗事件結束後，保持原本歸因方式不變的基礎上，看看是否在能力高低、努力程度、身心狀況這三方面還有可提升空間，至少增加一項；每個成功事件完成後，就繼續保持原本的歸因方式，但不用強求一定要找出什麼原因來降低自己的價值感，只要簡單確認一下，自己的歸因結果和實際情況沒有太大差異就可以了。這個環節只要重點關注失敗情況即可，如果自我評價實在有盲區，感覺完全找不出來有什麼問題，但現實生活卻好像一直原地踏步，那麼可以跟身邊信任的人聊一聊，看看他們是不是能給你提供盲區以外

的不同視角。

　　最終我們要實現一種平衡狀態，即大部分情況下，自己的成功更多歸因於自身特點，失敗後則能相對客觀地多維度分析自己，既不自大、認為都是別人的問題，也不過度貶低自己、把責任全攬在身上。在平衡歸因的狀態中，當我們面對自己真正熱愛的事情時，就能持續爆發出全力以赴的動力。

第四節／自卑感

小社會的衝擊

　　小學階段是大多數人第一次感受到同儕壓力的開始，我們從天真浪漫的幼稚園散養生活，邁入開始有組織有紀律的「小社會」生活。在這之前，我們會追隨父母腳步，他們的存在就像神一樣重要；但這階段開始，同伴的影響力逐漸增大，我們會從他們身上學到大量的新鮮事物，有些是好的，有些則令人擔憂。自卑就是從這裡開始的，從我們在人群中和別人比較開始的。但有自卑感不是世界末日，我們的「心理韌性」就是和自卑的不斷較量中變得越來越強大，和它鬥爭的經歷讓我們的自尊更加有底蘊，不是輕飄飄浮起來的空中樓閣。此書與一般的心理科普書不同的是，我不想教大家擺脫自卑的方法，而是希望跟大家一起認識和理解自卑，把它變成真正值得信任的朋友，而不是試圖消滅它。

同儕壓力

　　自卑感有很多模樣，但無論是哪種樣子，都一定是在人

際關係中表現出來和體驗到的。下面的表達可能會讓很多人感到不適，正是因為它們和自卑感有著千絲萬縷的聯繫——小團體、不受歡迎、邊緣人、沒有朋友、別人有的我沒有…大家是否發現到，這些表達都和別人有關係，若一件事情跟別人沒有關係，並不會引發我們的自卑感。剛開始接觸「小社會」的我們，是如何看待自己的呢？其實就像我們剛來到這世上的時，需要依賴父母的反饋來看待自己一樣，我們會依賴同齡者的反饋和評價來找到自己的角色和位置。

　　我小學時轉過一次學，深深地體驗到透過別人的反饋找到自己位置的感受。記得轉學的第一天，我坐在靠牆的正數第二排，一轉頭就能看到整個教室，我觀察下課時同學們的互動，他們好像一下課就知道自己要找誰，或是一起去洗手間，或是追跑打鬧，或是兩三個人湊在一起聊天。我像個局外人看著這一切，不知道自己的位置在哪兒，只能默默地拿出自己的貼畫，在本子上寫寫畫畫。這個時候前座的同學偶然回頭看到我，突然「哇」了一聲，說我的貼畫好漂亮，然後我大方地送了她幾張，她又分給了其他同學。於是我就成了有漂亮貼畫並且可以隨便送給大家的新同學人設。現在回憶起來，我突然意識到，原來別人的關注其實就是對你進入

某個集體的一種邀請。

後來，我加入了一個小團體，意味著我和小團體裡的成員需要一起上下學、需要一起去洗手間、需要中午一起吃飯、上體育課時需要一起自由活動…。起初我覺得很開心，好像到哪兒都不孤單，但後來慢慢覺得變成一種壓力，因為小團體不只有一個，而是有很多。但不同的小團體之間未必是朋友，多半是互看不順眼的「敵人」，然後就被迫捲入一些「戰爭」，形成一些偏見。我身處的小團體裡的其他成員家庭條件很優渥，平時會比誰的文具或衣服更好看。我唯一能炫耀的就是我有很多好看的貼畫，它們是我從舅舅的圖片工作室拿回來的。但這樣的炫耀資本難免有些力不從心，所以常會聽到一些刺耳的聲音而感到很無奈，比如有個女孩會經常驚訝於我們家沒有的東西。

啊？你們家沒有冰箱？

啊？你們家沒有空調？

啊？你們家沒有微波爐？

啊？你們家沒有電腦？

……

　　我當時也想，對呀，我們家怎麼什麼都沒有，是不是不太正常，當這個想法產生的時候，自卑感就隨之產生了。在此之前，在沒有同齡者反饋這些訊息的情況下，我並不覺得沒有這些東西對生活會造成任何影響，更沒有自卑的感覺。可見，同儕壓力的力量真的非常強大。

　　前面提到，不同的人表現出來的自卑感形式不同，有的人可能因為家境條件的差距，而對那些更優越的人表現順從和討好；也有的人可能完全相反，充滿挑戰和反抗。看似是相反的表現，但有可能都是出自同樣動機的行為。在這裡分享一下個體心理學家阿德勒在《自卑與超越》中提到的自卑情結，他的定義是：「當某一個問題超出個體的適應程度或能力範圍，並且承認絕對無力解決的情況下，就會產生自卑情結」。我分享這件事的目的，其實是想重新為「自卑」正名，自卑其實是在描述人人都可能遇到的現實狀態，是我們的基本情緒之一，不應該把它妖魔化或者貶低化，好像自卑是一種負面的概念。它就像我們受到傷害的時候會悲傷難過一樣，不是因為缺陷所致，而是一種正常的、合理的情緒。有了這種情緒，也不要發誓消滅它，而是要像感到悲傷難過時一樣，學會尋求支持、學會安慰自己。其實從某種程度上

來說，應對自卑這種情緒時要更簡單，那就是理解它，理解我們究竟在什麼地方遇到了困難，僅此而已。

心理韌性

那麼，感到自卑就一定要過糟糕的生活嗎？不一定。相反地，對很多人來說，自卑是追求卓越的動力。首先必須承認，自卑會影響我們的心情、生活狀態，但這只是關於自卑的一小部分。剛才講到「理解自卑」，就是要理解自己究竟在什麼地方遇到困難。回到前文提到的小學時光，和同學相比，我們家幾乎沒有任何一件像樣的家用電器，那是個什麼樣的困難呢？用我現在的眼光來看，其實不是什麼困難，但是小小年紀的我還無法理解這個層次。我當時的感受是，別的同學可以足不出戶就能吃到冰淇淋，老實說當時的我驚呆了，覺得那是種好奢侈的生活。

但我感受到自卑感後，無意間做對了一件事，我開始用模擬的方式來滿足自我需求。我不知道這個方法是從哪學來的，可能是學齡期從辦家家酒遊戲學的吧。我會在電視台要播放動畫片的前半個小時，做好一切準備，來類比足不出戶享受生活的感覺。我先把家裡的燒餅切成蛋糕的三角形，當

成甜品放在盤子裡；然後跑到店裡買個冰淇淋，再和老闆要
兩個冰塊；把冰塊放在一杯蜂蜜水裡當成飲料，一切就緒後
打開電視，開始享受眼前的美食。我當時想，這大概就是別
的小朋友可以隨時享受到的日常生活了吧，雖然對我來說有
點複雜和麻煩，但好像藉由這個過程至少能向小小的、自卑
的自己證明一件事情，那就是再難的東西，也是自己可以創
造出來的。

　　這個類比的方法伴隨了我很多年，直到後來學習心理學
了解「心理韌性」這個概念，我這才意識到透過類比方式獲
得的滿足感，就是我心理韌性的來源。「心理韌性」是個較
新的心理學概念，目前學術界還沒有完全統一的定義，亦可
稱為復原力、彈力性…等。但就目前資訊來看，可從以下三
方面來理解它。

　　第一，結果性定義：心理韌性是指面對嚴重威脅，個體
的適應與發展仍然良好的現象。

　　第二，過程性定義：心理韌性是指個體在危險環境中良
好適應的動態過程，表現為個體在遭受重大壓力和危險時能
迅速恢復和成功應對的過程。

　　第三，品質性定義：心理韌性是個人的一種能力或品

質，是個體所具有的特徵，如心理韌性是個體能承受高度破壞性變化並同時表現出盡可能少的不良行為的能力；心理韌性是個體從消極經歷中恢復過來，並且靈活地適應外界多變環境的能力。

　　總體來說，我理解的「心理韌性」是一種不會讓負面經歷改變自己人格的能力，也就是遇到災難或是重大創傷時，我們會沉浸在難過、痛苦，甚至是自責、愧疚中，但並不會把自己的人格撕碎，然後交換或是賠償出去。而且我認為，心理韌性這項能力可以用正確的方法努力實踐，進而獲得或提升的。我剛才提到的類比方式就是適用範圍非常廣的方法，它其實是小學時期才逐漸發展起來的遊戲化、角色扮演式的思維方式和學習方式。人的想像力是非常豐富的，體驗可能是比事實本身更重要的一種形態，像我小時候無法擁有家裡有冰箱的生活體驗，但我類比出來的場景，同樣能讓我從主觀層面上獲得類似體驗。那麼，有沒有冰箱就變得沒那麼重要，可是那個體驗的記憶變成了我私人經歷的一部分，作用於我的大腦，進而建立了心理韌性的基礎。

　　在互聯網飛速發展的現代社會，我們逐漸從每天生活的現實世界分離出一個網路上的虛擬世界，大量的遊戲玩家在

遊戲中類比某種體驗，那種體驗其實和我們在現實世界裡經歷的體驗相當類似，甚至更加強烈。因為在遊戲中，我們似乎更接近真實的自我，少了防禦和束縛。但比較遺憾的是，現在的遊戲大多追求暴力和聲音、色彩刺激，原本遊戲這種形式有很好的療癒作用，我最近也在關注這方面的發展和動態。那麼，是否有一些簡單途徑能嘗試這種方法呢？後面的方法工具箱會提供一些有助於嘗試的思路，希望能對大家的心理韌性有所幫助。

自尊再討論：個性塑造

　　在上一章中，我們曾提到自尊的話題在這裡再次出現了。自卑的同時是否也能擁有自尊呢？答案是肯定的。這和剛才聊到的「心理韌性」有很大的關係，心理韌性還有個說法是「心理彈力」，**我們如何把外界對我們的負面影響彈出去呢？靠的就是我們的自尊。那自卑和自尊之間是什麼關係呢？答案是「個性塑造」。如果我們能正確地認識自卑並善用它，其實能透過個性塑造來建立自己的自尊。**

　　大家可以把自卑想像成一種「我到底在乎什麼」的檢測器，你有沒有注意到哪些方面更容易觸發你的自卑，哪些

方面又絲毫不影響你？或有沒有注意到你自卑的方面並非關於自己的全部？比如有些人在意外表，有些人在意能力，有些人在意幽默…等，如果別人的評價和反饋都會產生較大影響，那為何是某些方面更容易引起我們的重視和注意呢？這些你在意的地方，可能就和你自己的獨特個性有關。比如在小學時，和同學相比，家境雖然是讓我感到自卑的因素，但其實對我的困擾並沒有多大；如今，即便有經濟條件購買更多東西來充盈生活，我對這些也沒有太大動力。但是當時的另一個因素似乎對我來說有更深的意義和影響，那就是學習成績。我明顯感覺到這兩個不同因素帶來的自卑感是有差異的，家境帶來的自卑感是短暫的刺痛，很快就會過去，完全忘掉；但如果偶爾考不好，帶給我的自卑感是持久的，甚至就算下一次有好成績，也沒有辦法抹掉上一次壞成績帶來的情緒。

　　這是否說明這兩個不同因素和自我之間的關係有某種差異呢？這裡的差異似乎和我的人生觀、價值觀有關，我會認為學習成績代表的價值比家境代表的價值更吸引我，更讓我覺得人生值得活，也就是更有意義的存在。那麼自卑這個探測器幫我探測出的是：「對我來說，那個最牽動我的核心

價值是什麼」。比方學習成績代表的究竟是什麼呢？這就需要在探測後進一步思考，具體方法可以參考後面的方法工具箱。

先分享一下我的探索路徑，學習成績代表什麼呢？我的腦海中自由聯想出一些詞彙，比如工具、能力、自由、話語權、改變、好奇、獨立…這個聯想過程完全是一個人最私密且無需解釋的過程，只要是你直覺想到的，那麼就一定和你有某種關聯。在我聯想出來的這些詞彙中，最突出的是哪三個呢？自由、改變和好奇這三個詞彙似乎脫穎而出，我將學習成績和這些概念連結在一起，其實就是把這些願望寄託在學習上，但如果當時有別的選擇，也許會寄託在別的事上。

這種寄託塑造了我的個性，我並非大家說的「學霸」，但一直保持學習狀態對我來說很重要，我需要工具來認識這個讓我好奇的世界，也需要工具來改變我認為應該改變的地方。**如此理解自己的自卑之後，我發現自卑其實是我們跟自己傳遞的一種信號，而且比其他方式都更精準。一件事情簡單地讓你感到開心或難過也許是一時的，但一旦產生自卑的感受，它一定是戳中了你內心最重要的地方，那裡有著關於你是一個怎樣的人，以及想成為怎樣的人的答案。**

　　我們有個常見誤區是，總想擺脫突然降臨到自己身上的某種糟糕感受，但是卻忽略了大腦傳遞給我們某個重要信號的用心良苦。我們常問自己是誰，人生很迷茫，但又同時努力地擺脫這些重要信號，那自然很難找到答案了。仔細看看自己身上的自卑，有人把這個過程叫作面對或接納，但我覺得它是種溝通和對話，不是強迫大家不要害怕這個過程，而是當我們真正理解自卑是什麼，其實根本沒有理由害怕。一個歷盡千辛萬苦才好不容易傳遞給你的，關於「你是誰」和「你想要什麼」的信號，我們怎麼會害怕呢？在那個時刻，我們一定是欣喜的、歡迎的和感到踏實的。

方法工具箱：自卑之花

　　我曾在「知乎」看到有人發起一個提問：「你們什麼時候體驗過心上開出一朵花的感覺？」我很喜歡這個提問，也是這個方法名字的靈感來源，自卑是我們內心深處的感受，它黑暗、痛苦，但那才是真正能夠開出花朵，並且能夠長久開下去的地方。不要試圖把自卑連根拔起，否則我們就真的只剩下一副軀殼。

第一步：探測。

請大家依照以下要求填寫表4-6，完成探測過程。

表4-6 探測自卑

列出所有讓你感到自卑的地方	為自卑程度打分數

第一，列出所有讓你感到自卑的地方——探測那些對你來說很重要，但還缺失的東西。

第二，為自卑程度打分數，滿分5分——自卑感越強，分數越高。

第二步：澆灌

選出在第一步中分數最高的那一項，然後按照下列要求完成澆灌的過程。

第一，每個讓你感到自卑的地方必定會讓你產生一些聯想，注意這裡一定要是中性或者積極的詞彙，不能是負面詞彙。如果想到負面詞彙，就要用它的反義詞來填寫。比如你想

到的詞彙是「絕望」，那麼就要填寫反義詞「希望」。聯想的詞彙至少要寫五個。

第二，從這些聯想到的詞彙裡，選出最突出的三個詞彙，然後試著從中拼湊出你的價值感、意義感或人生觀⋯等可說明或者解釋你自己的完整語言。這一步可以參考「自尊再討論：個性塑造」中的內容。

學習成績代表什麼呢？我自由聯想出一些詞彙，比如工具、能力、自由、話語權、改變、好奇、獨立⋯等，但似乎自由、改變和好奇這三個詞彙脫穎而出，我將學習成績和這些概念連結在一起，我想我是把這些願望寄託在學習這件事上⋯一直保持學習狀態對我來說很重要，我需要工具來認識這個我好奇的世界，也需要工具來改變我認為應該改變的地方⋯

第三步：模擬

模擬這過程需要一點創造力，它需要你在現實生活中和有限條件下模擬一些場景，好讓你在重新體驗到自卑感中缺失的需求再次被滿足的過程。需要注意的是，模擬範圍越小越好，越能掌控越好，我們的目的是重新經歷某種體驗，事實本

身並不是最重要的。

　　舉個例子，我是很喜歡寫字的人，所以語言表達能力有些薄弱，總覺得沒有辦法按照自己期待的那種感覺說出自己全部的想法。有一段時間，我交了個很健談的朋友，我很想跟她聊得更盡興一些，所以平時會用錄影片的方式來鍛鍊表達能力。我們倆都喜歡看電影，有次看了一部很喜歡的電影，我就用錄影片的方式來模擬和她聊這個電影的過程，就是很短的一個對話。我會重複錄到自己覺得接近想要的那種感覺為止，這種感覺會跟隨我進入真實生活，好像真的在我腦子裡存入可以自由表達想法的記憶，感覺之後跟別人聊天時能很自然地表達出來。這種刻意練習的方法大概堅持了半年時間，然後我就不再需要模擬這樣的場景，已經能像那位健談的朋友一樣表達自己了。後來錄影片的方式也成為我開始拍片探討心理科普的起點，直到今天。

　　這世界上有很多事情等待並且期待我們去完成，也許我們卡在某個層次的自我上，無法繼續往前走。但多維度的自我不是某些人的特權，是每個人都有的人格層次，我們永遠都不會只有一種方式面對生活，也許阻止你前進的那個最難的點，裡頭藏著關於如何破解難題的答案，請一定不要放棄尋找它。

擁有完整人格（8～12歲）

在危機、孤獨和叛逆的夾縫中，
守護自己

在精神的或倫理的態度上可以看清一個人的

性格，在這種態度中，他有時會最深刻、最

強烈地感到活力和充滿生機。在這個時刻，

彷彿有一個聲音在內心呼喚：「這就是真正

的我！」

——威廉・詹姆士《威廉・詹姆士信件》

本書即將進入最終章，我們將迎來一次人生的大爆發——青春期，所有潛藏在我們身上的閃光點，或是曾經遺留在我們身上的坑洞，都會在這個階段被放大。爆發之後，我們會進入一段較長的發展過渡期，「自我」會發生劇烈的重組，這種重組會促使我們從多方面的不成熟走向完全的社會化。但在這個過程中可能發生各種困難或意外，重組並不是一帆風順的，一般會有四種重組的結果，分別是早閉型統合—逃避、未定型統合—叛逆、迷失型統合—迷茫和定向型統合—個性。當然，每個人都可能是不同重組類型在不同比例下的結合體，所以了解每個類型能幫助我們更完整地理解自己經歷過的內心風浪。如何在危機、孤獨和叛逆的夾縫中守護好自己？這是終章要深入討論的重要問題。

第一節／自我統一，修補過去
歷史遺留的漏洞

　　兒童期在11歲左右就結束了，這階段的終結意味著充滿危機的青春期即將開始。很多人認為11歲的年紀還是孩子，但事實上，這個階段的身體和心理…等各個方面的變化都在提醒我們：成人的世界慢慢逼近了。我們感受到一種要開始把自己整合起來的必要性，並開始意識到在兒童期「已經變成什麼人」和「接下來想成為什麼人」之間，有了巨大的區別。這種差異性讓我們的自我統合（或稱自我認同）變得困難，困難來自於兩方面，一方面是自然的變化過程，我們的本能對於任何變化都是警惕狀態和需要適應的，另一方面是之前成長經歷中的若干階段中有遺留的問題尚未解決，所以造成統合過程不順利。如何定位這些問題並找到方法補足歷史缺失，是這節的重點。

自我大爆炸

首先，我們來回顧一下前四章分別代表的階段和核心內容。在表5-1中，我為大家做了一個簡單總結。

每個人進入青春期的時候（大概是國中），我們會開始思考自己是誰，在所處的環境中是什麼角色和位置，那麼我們就一定會參考之前「我們是怎樣的人」。最嚴重的情況是，之前的四個階段需要完成的任務、獲得的心理素質可能都是缺乏的。比如我們剛進入國中的新環境時，可能缺乏安全感、沒有主見、感受不到價值、不知道自己擅長做什麼事情，那麼當「自己是誰」這個問題進入腦海時，我們會突然混亂起來，完全沒有頭緒，在新環境的刺激下，顯得不安、恐懼和焦慮。

明明這些問題之前就存在，但為什麼小學時好像沒有發生那麼多問題呢？因為小學尚處於尚未整合思考的年紀，我們會在某件事上感受到一些情緒，但不太會把這些事和自己的人格聯想在一起，甚至是還沒有「人格」的概念。所以，也許我們曾隱隱約約感受到自己對一些事、一些人或一些情況有不太舒服的感受，但由於無法明確定義，即便剛才提到的那些問題可能很早就存在了，但卻沒有明顯地、強烈地表現出來的緣故。

表5-1成長階段總整理

成長階段（年齡區間）	要完成的任務
嬰兒期（1歲之前）	建立基本信任
幼兒期（1～3歲）	克服羞恥感，獲得主見
兒童期（4～5歲）	克服內疚感，獲得價值感
學齡期（6～11歲）	克服自卑感，獲得勝任感
青春期（12～18歲）	克服角色混亂，自我統合

　　我出現不適應的時間相對較晚，但是我清楚地記得那個畫面。當時是國二剛結束，學校突然要做分班，把成績好的學生單獨分出來，組成兩個新的班級。被從原班級分出去的我，本來應該很高興，因為這是一種認可、一種榮譽，但我卻突然變得焦慮和不安，甚至向老師申請是否可以不換班，但被拒絕了。第一天到新班級時，班主任召開了班會，選出幾個班級幹部，舉辦了一些團體活動。看著那些光鮮亮麗的班級幹部在講台上閃閃發光的樣子，我突然發現，除了學習，自己沒有其他能展現的地方。最令我印象深刻的是，在我的腦海裡，我把班級幹部定義為「閃閃發光的人」，但回到我自己身上，我竟找不到任何詞彙來描述和形容自己。在

原來的班級，我是「學習成績好的人」，但在新班級，所有人成績都好，因此實在算不上什麼亮點。我曾經依賴的光芒突然消失了，而我又發出了「自己是誰」的疑問，但得不到答案，於是，我的自我統合從那個時刻起就暫停了。

　　按照上面的表格，究竟是之前哪個階段出現了問題呢？可以確定的是，不是簡單地因為分班或是新班級開班會、舉辦團體活動，我的問題才憑空出現，那些事件都只是導火線，真正的問題其實更早之前就已潛伏在我的身體和記憶裡，只是後來遇到一些觸發點才引爆的。

思維的不成熟性

　　也許，當我們的思緒回到國中時期，就能想到自己不適應的一些片段或畫面，與此同時，也應該對那個時候自己的思維成熟度有點印象。我們可能意識到有些地方不太對勁，但很難梳理出一個非常清晰的思路，來解釋自己究竟為什麼會有這樣的變化。這非常正常和合理。在青春期階段，我們可能已經期待自己能像大人做決定或安排自己的生活了，很多事情也不願意跟家長分享和討論，或者家庭也沒有提供這樣的機會，但是我們的大腦離發育完全還有很長一段距離。

在這個階段，我們擁有敏銳感知自己情緒的能力，但怎麼處理這些情緒，對於很多沒有相關的家庭教育或者學校教育的人來說，是異常困難的。

在青春期，我們的思維不成熟有哪些具體表現呢？心理學家大衛·埃爾金德總結出六個特點，大家可以回憶看看自己在青春期的經歷符合其中的哪些：

第一，理想主義和批判性。由於我們剛從幻想世界切換到現實世界，發現這兩者之間有巨大的差別，而且還要承擔很多責任，就很容易在現實狀況與理想世界相悖時，進入一種批判狀態，比如看父母的很多做法都不順眼，認為他們是錯的，甚至常常用激烈的言語反抗父母的教育。一方面，這樣似乎給了自己一種離幻想世界更近的錯覺；另一方面，也能夠逃避突如其來的很多責任。比如我國中時讀的是寄宿學校，學校要求所有女生不能留超過耳朵的長髮，一律要剪短，因此女生們常聚在一起，批判學校的專制。

第二，愛爭論。總覺得自己是對的，別人是錯的，所以一旦遇到爭議話題，就會爭論個沒完，一定要自己勝出才行。

第三，優柔寡斷。青春期時，我們的大腦裡會同時產生很多想法和選擇，但是又不具備理智做出選擇和決定的策略

和能力，故容易舉棋不定、優柔寡斷。比如自己寫作業的時候，朋友邀自己打遊戲，但作業寫不完會挨罵，可是遊戲很誘人，自己又想玩，很有可能最後是一邊打遊戲，一邊惦記著作業，導致遊戲玩不好，作業也沒寫完。

第四，言行不一。這時期的我們愛說大話，但又很難將其實現，甚至意識不到自己的行為和言語之間是不一致的。比如我上高中時，和旁邊的同學組成環保聯盟，堅決不用免洗筷，一起發誓時滿是豪言壯語，但後來卻沒完全做到。

第五，假想觀眾。為什麼我們在青春期會格外敏感呢？因為腦海裡總是有自己創造出來的、跟自己過不去的「假想觀眾」，自己認為人群中總有人跟自己的思維方式是一樣的，而這部分人無時無刻都關注自己的一舉一動。唸高中時，有一次考試沒考好，第二天就不想去上課，覺得同學們一定會嘲笑我，結果第三天去了學校，除了幾個要好的同學問我昨天幹嘛去了之外，其他人根本沒注意到我沒去上課。

第六，個人神話。這大概是從青少年時期到長大後，一直伴隨著我們的不成熟思維方式。個人神話是指，那些認為「自己是特別的」、「自己的經歷是獨特的」、「規則是用來約束自己之外的其他人」…等想法。在感情中也常見類似的

想法，比如「沒有人像我一樣愛我的前任」、「我出軌的對象和原因跟其他人不一樣」…等。

　　大家曾有過哪些特點呢？首先要說明的是，這些不成熟的思維並不是錯誤，而是我們在這個階段會經歷的特點，還未被特別教育的情況下，誰都會有，無一例外，因為這是大腦還沒有發育完全的表現。這些不成熟的思維會讓我們對自己的缺失更加敏感，但同時又讓我們不具備成熟解決這些問題的能力。其次，如果這些特點現在還存在，則說明我們的心理成長有一部分還停留在青春期，有些問題還沒有得到妥善的處理和解決。所以，當我們說一個成年人不太成熟，還有些幼稚，那麼這個人的行為和想法大概會符合上面列舉的特點。

　　最後，希望大家能夠透過這部分的內容多理解自己一些。在以往的成長過程中，如果你認為有哪些地方沒做好、犯過什麼錯，能夠像這樣反思當然是好的，但是不要過度否定自己和自我苛責。當我們的大腦還在發育階段時，並非在意願層面不想做得更好，只是在客觀的能力上受限，甚至不是自己能完全掌控的。**我一直以來有個非常堅定的信念，那就是不管過去發生多麼糟糕的事情，我們一定都在自我的能**

力範圍內盡力了，而這個標準不是別人可以評價和定義的，只有「親身經歷過的你自己才可以定義」。

發展的過渡期：縫縫補補

　　成長究竟是什麼？在這裡，我們需要透過兩個概念來理解。第一個概念是「漸成性原則」，是指任何需要生長的生物都有基本方案，而生物的每個部分都從這個方案中產生，每個部分在某一階段都有其特殊優勢，直到所有部分都發育完畢，進而形成一個有功能的整體為止。我們從小長大的過程，都能用肉眼感受到身體正在發生這樣的變化，同時心理成長也經歷了這樣的過程。從嬰兒期缺乏信任，到長出信任；從幼兒期缺乏主見，到長出主見；從兒童期缺乏價值，到長出價值；從學齡期缺乏自信，到長出自信⋯等，我們在這一系列的衝突體驗以及克服衝突的過程中，逐漸構建出一個清晰的、健康的人格。

　　「健康的人格」就是接下來要了解的第二個概念，關於這個概念有不同見解，這裡引用心理學家瑪麗・耶和達的定義。她認為，具有健康人格的人能夠主動支配自己的環境，表現出某種人格的統一性，並能正確地感知世界和自己。這

裡有兩個要點：一是我們的自我和環境之間，可以是一種主動關係，而非被動關係；二是我們在感知這個世界的時候，是相對客觀和穩定的。

　　綜觀以上來看，我想用通俗的方式對「成長」下個定義：成長是一個不可避免地遇到衝突，而我們會嘗試用各種方式去解決衝突，但難免會遺漏衝突，而最終我們會修補衝突，並形成一套自己穩定認識自己和世界規則的過程」。如果我們認可「終身成長」這個理念，其實我們的成長應該以「實現最終目標」為人生意義，因為我們每一天都在成長，終身成長應該是一種態度或信念，但很多人把成長的結果當成了唯一的意義，比如對於焦慮、抑鬱…等負面情緒，認為只有消除它們，才能好好生活，但反而因此陷入更大的痛苦之中。

　　在對的時間做對的事，這聽起來是最完美的一種設想，但即便是一個兒童心理專家在陪伴自己的孩子成長時也會犯錯，或遇到毫無頭緒的挑戰，所以在青春期這個發展過渡期，我們一定會不可避免地要處理過去幾個階段遺留下來的問題。我把這個過程想像成是一個縫縫補補的過程，只要知道問題出在哪裡，針對它去理解和解決就可以了，而不是把

自己認為糟糕的自我全部丟掉，徹底否定自己。

那麼每個階段可能需要分別做哪些縫補呢？我匯整成下頁的表5-2（這些內容在前四章的內容中都出現過，如果對其中哪個部分更感興趣，大家可以回到之前的相對應的章節再次複習）。

想先提醒大家，看完表格後請別被需要縫補的地方嚇到，因為「健康的人格並非等於完美的人格」，即使我們有這樣或那樣的缺點，也同時能有健康的人格。只有那些真正嚴重阻礙你的特質，才需要額外花力氣去關注和解決。當你不知道自己身上到底出了什麼問題時，這個表格可以給大家提供一個清晰的參考。其實，在我看來，這個問題清單也向我們傳遞另一個很重要的資訊——就算心理層面的問題再多，我們現在看到的就是全部了。我們在生活中存在的各種問題，幾乎都可以從下頁表格找到本質根源，而真正解決問題的方式是理解它，然後學會和這個困擾你的根源相處。具體方式可以參考接下來的方法工具箱，做好了修補完成的準備，我們才能繼續迎接之後的挑戰，用完整的自我去體驗往後的生活。

表5-2 階段任務和未完成的結果

成長階段 （年齡區間）	要完成的任務	可能需縫補的地方
嬰兒期 （1歲之前）	建立基本信任	存在感缺失；分裂感過強；安全感過低；基礎信任感不穩定
幼兒期 （1～3歲）	克服羞恥感，獲得主見	對任何人、事、物的好奇心或探索欲都極低；總是有無法排解的羞恥感；容易自我懷疑；沒有堅定的主見
兒童期 （4～5歲）	克服內疚感，獲得價值感	自尊不穩定或太極端，忽高忽低或過高過低；總是有無法排解的內疚感；責任感過強或過低；價值感嚴重不足
學齡期 （6～11歲）	克服自卑感，獲得勝任感	自我的維度單一且僵硬；做事動力過高或過低；勝任感嚴重不足；自卑感影響了自我實現

方法工具箱：縫紉機

　　「縫紉機」，顧名思義就是把之前內心的缺失縫補起來，但這並不是一個小工程。在剛才的表格中，每個心理問題恢復週期的最小單位是三個月，所以如果決定要改變，至少需要在時間上做好相對應的準備。

　　特別說明：本章方法和前幾章有個不一樣的細節，會分成青少年和成人兩個版本，原因是讀者可能正處於青少年時

期，也有已經進入成人階段的，但是處在不同階段的讀者使用的方法並不是完全一致的，所以在這裡特別強調和說明。由於青少年和成人在發展程度上有所區別，所以在應對策略上，有不同的方式和注意事項。

第一步：初步評估，見表5-3。

表5-3 初步評估

需要縫補的目標 （從上文的表格中截取）	為缺失程度打分數 （滿分5分，代表極度缺失、幾乎沒有）
1.	
2.	
3.	
……	

按照下面的說明分別跳至第二步或第三步：

1.跳至第二步的情況：如果你需要縫補的目標小於或等於三個，且「為缺失程度打分數」都不超過3分。

2.跳至第三步的情況：如果你需要縫補的目標超過三個，或者雖然未超過三個，但是「為缺失程度打分數」那欄有至少一個目標的分數大於或等於4分。

第二步：縫補計劃

對於每個縫補目標，在之前章節的方法工具箱中已提供相對應的方法，我總結在表5-4中，方便大家查詢。

表5-4 方法工具箱總整理

所處階段	縫補目標	方法工具箱
嬰兒期 （1歲之前）	提升存在感	出生證明、訪談提問
	減少分裂感	分離時刻、斷奶訪談、融合練習
	提升安全感	安全感自檢手冊
	提升信任感	信任拼圖
幼兒期 （1～3歲）	提升探索欲	舒適圈的邊界
	緩解羞恥感	羞恥感日光浴
	減少自我懷疑	懷疑你的懷疑
	建立主見	回到過去
兒童期 （4～5歲）	建立穩定的自尊	自尊策略大洗牌
	緩解愧疚感	剝洋蔥
	提升責任感	不願意還是沒能力
	提升價值感	重塑價值感
學齡期 （6～11歲）	建立多維度的自我	去掉人設
	獲得勤奮能力 （擺脫拖延症）	活力重組
	獲得勝任感	歸因模式大換血
	學會和自卑感相處	自卑之花

　　大家可以根據這個工具箱的總結，按照下述原則制定適合自己的縫補計劃。

　　1.從你在第一步列出的目標中，選一個你最關心的縫補目標，然後以三個月為一個週期，堅持使用這個目標所對應的方法，直到這個目標的缺失程度比之前降低至少1分，那麼這個週期就成功了。

　　2.第二個週期中，選擇你在第一步中列出的下一個目標，也可以選擇之前的目標繼續縫補，直到缺失程度的分數降低到你的理想程度。

　　3.這個自我成長的計劃不用設立最終目標，因為自我成長是伴隨我們一生的事，掌握了這些方法帶給你的基本邏輯之後，你可以設置更加適合自己的個人化方法。

第三步：心理諮商

　　當符合需要求助心理諮商的標準時，一定要在自己能力所及範圍內及時進行求助，因為越早用諮商方式對自己的問題進行干預，恢復的效率越高，同樣的問題再次復發的可能性就越低。

　　青少年版本：如果未滿18歲，心理諮商一定要得到父母

簽字同意，如果父母支持你尋求心理諮商協助，甚至和你一起進行家庭諮商過程，這是最好的方案；如果父母不支持，那麼可以了解一下自己所在的學校是否有相關的諮商資源，等自己18歲後再選擇求助方式。

　　成人版本：在經濟能承擔的範圍內，找到適合自己的諮商師，進行相對長期和穩定的諮商協助，也許初期需要多嘗試幾位諮商師才能找到誰適合自己。一旦決定開始接受諮商，就不要期待諮商師有什麼神奇魔法，用一句話就能點醒或解決問題，請把心理諮商當成日常的事情看待，一步步地拆開自己的問題，然後一點一點化解掉。這樣的效果才是徹底的、根本的、長久的。

第二節／情竇初開，危機四伏

愛，確實讓人完整

　　無論修補是否完成，自我統合發展都將悄然開始，而這個過程一定是透過親密關係實現的，這裡提到的親密關係是廣義的，不只是愛情，還有友誼、性和任何能夠讓人產生共情的感受。不過，其中最有挑戰性和衝擊性的，還是懵懂的感情或性體驗所帶來的。在接下來的內容中，我們將用狹義的「親密關係」專指愛情關係，這其中不只包括兩情相悅的戀愛關係，也包括暗戀或單戀，因為它們都是由我們不可抵抗、不可逆轉的身體性徵變化所帶來的。對親密關係需求的產生是必然的，但是能否滿足或者順利發展卻是一個非常複雜的過程。如果前四個階段的修復沒有完成，那麼問題就會在親密關係中展露無遺，而且在這個階段形成的戀愛模式，會習慣性地跟隨到我們進入成人階段。接下來，就讓我們回到初戀時代，查找感情模式的秘密。

我動心了

青春期的開始是以荷爾蒙突增這一變化為起點。這過程分為兩階段，一是腎上腺功能成熟，接著是幾年後性腺功能成熟。研究發現，青春期的男孩和女孩回憶起他們最早的性吸引都是在青春期發生的。所以，其實我們青春懵懂的關乎愛情的動心，本質上並沒有太多浪漫色彩，只是身體變化帶來的自然反應。此階段的身體變化可說是天翻地覆，也難怪能讓我們的情緒和狀態經歷雲霄飛車般的體驗。那麼，會有哪些身體變化呢？

不知道大家是否能從表5-5和表5-6中感受到一個青少年在青春期所處的壓力？由於亞洲國家的性教育普及廣度和深度都嚴重不足，所以在毫無預兆的情況下，當這些變化層出不窮地發生在自己身上時，我們會感到惶恐和不安。現在回憶起來，當我處於這個階段時，似乎沒有任何一個讓我感到安全的地方可以求助和討論這些變化。有些家庭的父母教育理念比較超前，我記得當時坐我隔壁的同學是個男生，他不僅了解很多男性的生理知識，也了解很多女性的生理知識，這些都是他在家庭教育中學習到的。我當時認為這樣的教育理念非常酷，但旁邊的同學聽到之後，往往擺出一副不可思

議、嘲笑的樣子，這也是科普意識還不夠到位的一種表現，即使到現在，這個問題似乎仍有一定程度的存在。

在身體產生巨大變化的情況下，性吸引力因此產生，我們在本能的驅使下會關注讓自己產生性吸引力的同伴。我們常常形容「動心」有「小鹿亂撞」的感覺，那其實是我們的腎上腺素在作用，讓我們緊張或興奮，產生心跳加速的感覺。大家可以回憶一下自己第一次心動的感覺，是不是發生在青春期呢？當時心動的女孩／男孩是什麼地方吸引自己？是簡單的性吸引，還是有更深層次、更複雜的理由？這些問題能幫大家探索自己的戀愛模式最初是什麼樣子的，而後面的故事都是從這個起點開始。

表5-5女性性徵發展

女性特徵	首次出現特徵的年齡
乳房發育	6～13歲
陰毛生長	6～14歲
身體發育	9.5～14.5歲
第一次月經	10～16.5歲
出現腋毛	陰毛出現後的2年（大約）
油脂和汗腺分泌增多（可能長痘痘）	幾乎和腋毛同時出現

表5-6男性性徵發展

男性特徵	首次出現特徵的年齡
睪丸和陰囊發育	9～13.5歲
陰毛生長	12～16歲
身體發育	10.5～16歲
陰莖、前列腺和精囊發育	11～14.5歲
變聲	幾乎和陰莖同時發育
首次射精	陰莖開始發育後的1年（大約）
出現鬍子和腋毛	陰毛出現後的2年（大約）
油脂和汗腺分泌增多 （可能長痘痘）	幾乎和腋毛同時出現

在電影《怦然心動》中，就有針對「初戀的心動」這話題的絕佳描述和闡釋：女孩對男孩的動心始於性吸引，比如漂亮的外表和好聞的頭髮香味，這時女孩對男孩的性格可以說是一無所知；後來，經過一系列的相處之後，女孩發現男孩的性格有些令自己難以忍受，和爸爸聊天後，女孩意識到，只靠男孩那些曾經吸引自己的地方，於愛情而言是遠遠不夠的，於是她收回了自己的迷戀。直到後來，男孩也意識到自己的問題，調整改變後才重新和女孩在一起。

　　這其實是個非常好的愛情啟蒙教育片，我們從小接觸很多愛情童話故事、偶像劇或武俠劇，都忽略了愛情中除了性吸引的元素之外，還有很多其他重要因素，比如一個人的品行、道德感、責任…等。所以很多青少年很容易被這種題材的作品影響，認為愛情是全靠感覺、直覺或幻想組建起來的體驗。然而，當真正遇到現實問題時，卻完全不知該如何處理，因為這些知識和能力是影劇作品中沒有提供的，也是學校課本不會教的，但卻是我們最需要的，也可以說，動心就是青春期危機的開始。

孤獨感

　　親密的對立面是遠離，是一種蓄意拋棄和孤立，如果有必要，就會去摧毀感覺對自己有危險的人和事。這種摧毀未必完全是一個人生活，再也不和任何人聯繫，而是即使身處一段關係中也依然存在的孤獨感。孤獨感是一個深邃的詞彙，有三種類型，分別是人際孤獨、心理孤獨和存在孤獨。無論哪種孤獨，其根本來源都是無法確定自己是誰，也無法感覺到真正的自己。

人際孤獨就是我們最容易感受到的「寂寞」，比如身邊沒有親密的人陪伴，缺乏適當的社交技巧，或在人際交往時總是遇到嚴重的衝突感受，這些都會使我們感受到人際孤獨。也許自己一個人獨處時還挺舒服，但一旦進入人群，就會找不到方向，變得焦慮和不安，所以人際孤獨主要是指在關係中體驗到的孤獨。

我常常在人數眾多的聚會中感受到這種孤獨感，我能明顯感覺到當下的大團體被迅速分裂成幾個小團體，大家各自聊天。那一瞬間，我覺得這個聚會的意義消失了。我旁邊坐滿了人，全程卻只能和坐在我右邊的人進行深入交流，我甚至沒有和某些人有過任何眼神交流，孤獨感也隨之而來。但我注意到現場有非常擅長社交技巧的朋友，每隔一段時間就變更所處的小團體，最終能和每個人都進行較為深入的交流，我相信他大概沒有感受到像我一樣的人際孤獨。

但我想，即使像我一樣只和聚會中的少數人深聊的人，也未必能體會到孤獨感，因為他們可能很清楚自己是誰，所以很滿足於只和少數人進行深入溝通。而我似乎還沒有那麼確定，這種不確定也是從青春期開始感受到的一種狀態，這也是我至今還未完全實現整合和自我統合的部分。我有時很

健談，有時很沉默，似乎也沒有固定規則，在這種不穩定的狀態中，人際孤獨是我常能感受到的一種體驗。

心理孤獨則是指我們把自己的內心分成幾個部分的過程，即使沒有處在人群中或一段關係中也能體驗到的孤獨感。比如遇到一些不開心的事情，或者產生一些不愉快的體驗，心理孤獨的人會迅速隔離情緒，不讓自己去了解這個情緒的來龍去脈，也不想讓自己額外花費時間和精力來照顧和處理這種情緒。這其實是很多人採用的一種自我保護的防禦策略，可能是因為早年面對情緒時，有過自己難以承受的不愉快體驗，或是在家庭中學習和模仿父母處理情緒的方式，所以傾向於用壓抑的方式來對待自己的情緒。

但情緒是一個能幫助我們做出判斷和決策的有價值線索，因為並非所有的事情都可以用理性來處理，所以如果這種心理孤獨的程度較高，那麼我們會越來越不相信自己的判斷，不敢表露自己的判斷，我們的潛力將被埋沒，自己和外界之間就豎起了一道密不透風的城牆。繼續發展下去，這道牆不僅隔絕了我們和外界的溝通，也阻隔了我們和自己的溝通。最初我們可能只是感覺到情緒，然後壓抑了下來，但後來可能連感受情緒的能力也逐漸消失了。這樣一來，在我們

的自我中就會缺失一個負責感知的重要部分，整個人的生活會變得單一而僵硬起來。

從以往諮商工作的經驗中，我常觀察到男性來訪者存在心理孤獨，在亞洲社會要求男性剛強的主流價值觀的壓力之下，很多男性被迫學會用壓抑的方式來處理情緒，逐漸把自己置於一種心理孤獨的狀態中，並且一度認為這樣最安全。但隨著要面對的挑戰和壓力越來越大，尤其面對感情，只有理智是無法讓一段親密關係長久維繫的，所以會遇到危機和困難，於是無奈地尋找心理諮商協助。但是做心理諮商就是要釋放壓抑的情緒，並且表達和曝露出來，這對很多男性來說是異常困難的。相較於女性來訪者，他們往往很容易在從諮商過程逃跑，回到自己本來覺得安全的心理孤獨中。但這樣一來，由心理孤獨帶來的問題也一併被擱置了。

我還注意到一種發生在女性身上的矛盾心理，似乎在無意間加重了男性的心理孤獨，那就是很多女性似乎對男性有這樣的要求：「既要非常陽剛、有男子氣概，同時也要懂自己的心思，哪怕自己不說，對方要能猜到」。這其實幾乎是一個不可能完成的任務，因為我們對「有男子氣概」的定義似乎就排除了「自由地表達自己情緒」這部分，也就是一

方面希望男性不要表現出自己的脆弱，另一方面又希望他們能感受到自己情緒的微妙變化。要知道，後者的能力需要「不那麼有男子氣概」才能做到。如果一個人在慣性壓抑自己情緒的情況下，還能夠敏銳地感知到別人的情緒，這無疑像是要求一個母語是中文的人，在完全沒有學習過外語的情況下，自然會說一門外語。

　　但這個社會對於男女性別的區別對待意識是個長久以來的問題，需要大家共同持續努力才能真正消除。如果我們能多用「人」的眼光來看待男性或女性，每個性別的優勢和潛力都能更加有爆發力地發揮出來，而不是各自陷在「男性就該如此」或「女性就該如此」的框架裡，而無法擺脫。

　　除了剛才提到的人際孤獨和心理孤獨，還需要了解存在孤獨。存在孤獨是指，即使在完滿的人際關係中或高度自我統合的狀態下，也依然體驗到的一種孤獨。這種孤獨是種終極的、在任何生物之間都存在的、無法跨越的鴻溝，也就是我們常說的「沒有完完全全的感同身受」、「沒有一個人能真正感受到另一個人在某個經歷中所體驗到的感受」。這也是為什麼我們常會在青少年時期開始向外界索求那個終極問題——「我，究竟是誰」的答案。

　　如果有親密關係的陪伴、有志同道合的朋友，自己獨處時也是舒適自在的，那麼至少我們能在人際孤獨和心理孤獨中倖存下來，而存在孤獨可能就是在接下來的人生中一直要探索的目標。

假性親密

　　我覺得人類有一個比動物「厲害」的地方是，我們有「自我欺騙」的本能。「厲害」在這裡是個悖論，一方面這種自我欺騙的本能可以從心理層面保護自己；另一方面，它也容易讓我們陷入一種錯誤模式，反過來傷害自己。

　　前面提到那麼多種類型的孤獨感，如果一下子全部湧上來，想必很難承受，所以我們不會就這樣徹底崩潰或者放棄自己，而會迅速找到一些「假性親密」關係來避難。假性親密關係的概念目前在心理學上還不是那麼成熟，以下透過一些例子來理解它。

　　例子一：如果⋯就好了。很多人在感情中是依賴一種幻想來維持關係的，當所處的感情有一些難以忍受的問題時，常常會用這樣的方式來勸慰自己，比如「如果結束異地戀就好了」、「如果結婚了就好了」、「如果有了孩子就好了」⋯因

為無法忍受關係結束帶來的孤獨感，所以在腦海中編織了一個關於未來的想像，企圖「合理化當下的關係存在的必要性和重要性」。

　　例子二：這就是我要找的人，所以對方怎麼樣都可以。如果對於戀愛的幻想在戀愛之前就已經產生，那麼當一個外型上或感覺上符合之前既定幻想的人出現時，就會馬上套進自己的故事，然後試圖把接下來相處過程中出現的細節都以這個故事為藍圖進行理解，甚至會一次次原諒對方犯下那些挑戰你底線的錯誤。

　　例子三：有，總比沒有好。因為忍受不了一個人的孤獨，所以對於另一個人究竟是怎麼想的不那麼重要，只要有個人在身邊就好。至於對方的需求，自己是疏於在意和關心的，且內心不會產生太多的內疚感和虧欠感。

　　我相信大家應該還能想到很多這樣關係的類型來理解假性親密關係，因為一個「假」字就已經勾起了很多回憶或想像。總結來說，我試著為「假性親密關係」下一個通俗易懂的定義，那就是「假性親密關係是一種不以感受到自己的存在，以及感受到對方的存在為前提，而是基於某種歷史的心理缺失所開展，它是一段以自我保護為目的的關係」。

這種關係並非一個人主動願意走進去的，很多時候其實是被動的，甚至帶有強迫性質，已經進到這種程度的假性親密關係，說明了歷史的心理缺失已經嚴重到自己無法控制的程度，甚至根本沒意識到這其中的因果邏輯關係。

但是假性親密關係就一定要改嗎？答案是否定的。我們是否要做任何改變，還是得參考一直以來的原則，如果認為已經困擾了你的生活，嚴重影響你對自己人生的期待，那麼可以決定是否要改變。而且任何關係中，要完全實現雙方都坦誠地認識自己同時認識對方的完美狀態，也是件不可能的事。我們在人際關係中都有一定程度的自我保護和防禦，如果真的讓自己的意識赤裸裸地在人際關係中出現，才是不太合理的現象。比如有些人交淺言深，會讓人有不適感，就是在人際關係的相處中，沒有考慮不同情況下的人際距離是不同的。

那麼除了戀愛的關係，其他關係是否也存在假性關係呢？答案是肯定的。所有基於感情建立的關係，都可能存在假性關係，比如友誼。有很多友誼的性質，其實是工具性質的，比如前文提到那位做什麼都要人陪的朋友例子，那就是一種假性友誼關係。一個真朋友離開了，我們痛苦的是這個

人本身，但是假性友誼結束了，我們也會痛苦，但是痛苦的本質可能跟對方這個人沒關係，而是自己又要開始孤獨了。所以假性關係中還有一個比較突出的特點是，處在關係中的人其自戀度比較高。在心理學上的自戀也在前文裡提過，代表的是自己思考問題時，對象只有自己，包含是否快樂、有什麼需求、是否難過…等。但是對於處在關係中的另外一個人，可能完全沒有考慮，甚至把對方當成滿足自己某種需求的工具。

　　希望大家透過這節內容能對假性關係有一定的敏銳度和警惕性，因為它會讓我們不斷更換令自己不滿意的無數關係，並且一直重複同樣的錯誤。

方法工具箱：親密模式之鑰

　　不管是在懵懂的青春期，還是經歷過戀愛的成人期，親密關係都可能是充滿危機的，在這裡分享一個足以化解危機的萬能鑰匙。

第一步：歷史資訊蒐集

請大家根據自己過去的感情經歷，把相關資訊填入表5-7。如果戀愛次數不多，甚至從來沒有進入過一段戀愛關係，那麼可以參考暗戀或者單戀的經歷填寫表格，完成這個步驟。填寫要求如下：

第一，寫戀愛經歷時，越齊全越好，任何能回憶起來的經歷都算在內。

第二，印象最深的美好／糟糕回憶，可以濃縮成三個以內的詞彙或表達，目的是找出那個最觸動或刺激你的核心點是什麼。

第三，戀情結束原因，不要用表面上的原因，比如性格不合…等，而是稍微挖掘更深層次的原因，這個部分不用在乎對錯，只要是你自己的思考即可：建議同樣濃縮成三個以內的詞彙或表達。

表5-7 戀愛歷史

戀愛次數	印象最深的美好回憶	印象最深的糟糕回憶	戀情結束原因
1.			
2.			
3.			
……			

第二步：打造鑰匙

　　將上述表格中重複出現最多的三個詞彙或表達擷取出來，這就是我們親密關係模式的核心資訊，並用這三個詞彙整理成一句話，來描述自己的親密關係模式。比如我做完上面的表格之後，摘取出來的三個詞彙分別是強勢、不公平、不安。那麼在這一步中，我用這三個詞彙結合自己情況和理解彙整成的一句話是：「我的親密關係模式是，在感情中我總因為體驗到不公平而感到不安，然後就用強勢的方式來處理，關係因此而結束」。

　　在我接觸過的案例中，還有一些其他鑰匙可供參考：

　　案例一：秒回、不愛自己、窒息

　　「我的親密關係模式是，在感情中總因為對方不能秒回自己的訊息，就特別沒有安全感，認為對方不愛自己了，然後會用窒息的方式監控對方，最後對方受不了而分手」。

　　案例二：物質、自卑、逃避

　　「我的親密關係模式是，在感情中我總因為對方希望我買房子，而覺得對方比較現實，同時又會觸發我自卑的一面，最後選擇分手而逃離這段關係」。

案例三：害怕拒絕、等待、絕不主動

「我的親密關係的模式是，我絕不主動，因為我害怕表示好感後被拒絕，我很難承受那個畫面，所以我寧願永遠等待下去，也不會開始一段感情，至今也從未開始過一段感情，但我也不會因此選擇主動的」。

第三步：保留還是更換

拿到第二步的鑰匙之後，不用判斷其正確或者錯誤，你只需要感受一下自己的內心，是否接受以這樣的親密關係模式對待現在或之後的感情。如果接受，那麼不管這個模式看起來有怎樣的問題，你都可以繼續保留這個鑰匙，來開啟之後的關係；如果不接受，那麼你可以重新確定三個詞彙或表達方式，然後形成一個自己理想的親密關係模式做表達。然後再用這個理想的親密關係模式和第一節的方法工具箱中的「縫紉機」方法進行對照，看哪些是導致你無法獲得理想親密關係模式的縫補物件，可以抓重點留意相對應的縫補對象，進行修復，並納入到你的縫補計劃中。

第三節／自我延續，未完待續
青春期結束時的四種自我類型

　　截止本章第三節，在自我統合前需要湊齊的碎片全都備齊了，在本節中，我們將把所有的碎片整合在一起，然後找到自我的定位和未來的方向。整合會帶來不同的結果，不同的結果對應了不同的人格發展，這些都是在青春期出現的危機中倖存下來的不同方式，有的人順利，也有人稍微困難。不管是哪種方式，我們都要「先接納已經形成的某種模式」，因為它是我們曾經努力爭取來的，沒有這些模式的幫助，我們的成長經歷可能更加糟糕。

　　表5-8是不同統合結果的一個匯整，如果在青春期之後，自己的人生沒有發生太過天翻地覆的變化，那麼我們的統合類型會從青春期一直持續到現在。這不是一個壞消息，因為這意味著，我們現在仍有機會解決成長歷史遺留的問題。現在，讓我們穿越時空回到青春期的自己吧，然後從那裡開始，繼續成長。

　　除了發展得最順利的「定向型統合」的類型（表5-9），其他三種類型在每個人身上多多少少都有所表現，完美發展的人是不存在的，只是大家的傾向性和每種類型所佔比例不同。雖然前面三種類型都有一定程度的發展不順，但都會有自己的優勢和劣勢，並不會一無是處，也並非對我們完全沒有作用和價值。在本節後續內容中，我們將對每個統合類型進行討論，並且討論目的有三個目標：

表5-8 統合不順利的類型

因素	早閉型統合	未定型統合	迷失型統合
家庭	1.父母過度捲入孩子的生活，過度干預孩子的成長	青少年常常陷入和父母權威的矛盾鬥爭中	1.父母的教養方式是自由放任的
	2.家庭成員之間為避免衝突而避免表達不同觀點		2.父母總是拒絕孩子的需求或者漠不關心
人格	1.最高程度的獨裁主義和一成不變的思想	1.極度焦慮、恐懼成功	1.混合性結果：低程度的自我發展、道德推理、認知複雜性和自尊
	2.服從權威，有依賴性，焦慮程度低	2.有高程度的自我發展、道德推理和自尊	2.合作能力差

表5-9 統合不順利的類型

因素	定向型統合
家庭	1.父母鼓勵孩子自主，孩子能建立人際關係
	2.家庭中可以互相表達不同的觀點，並進行探討
人格	1.高程度的自我發展、道德推理、自我確定性和自尊
	2.能面對壓力，能建立親密關係

第一，找到自己的統合類型：看一下自己卡在哪個階段，並了解此階段的特點。

第二，理解並接納自己的統合類型：不管是哪種統合類型，都不是我們的一種缺陷或者缺失，它曾經說明過我們渡過一個又一個困難，只是在新的困難面前，它們不再有效了。

第三，向更理想的統合類型發展：我們永遠有改變的權利，而且也有不改變的權利，如何定義新的自我，你說了算。

早閉型統合——逃避

早閉型統合：在青春期的危機出現之前，就習慣性服從於外界的權威，沒來得及形成自己較為主動和穩定的想法和主見，但當自己的觀點受到質疑時，也會用消極抵抗的方式來表達抗議。

　　對於早閉型統合的人來說，如果能有一個自己信服的絕對權威來引領自己是很開心的，比如家庭中有一位強勢的母親或者父親，那麼會很願意聽從他們的安排，即便自己有不同的想法，也絕對不會立即表現出來。但當自己心裡有其他想要選擇的方向，而父母一定會反對的情況下，就會在極力避免被權威發現的情況下，偷偷去做。這樣一來，對於任何可能發生的衝突，都會傾向於用逃避的方式去面對和處理。

　　優勢：只要生活中有權威的形象存在，那麼自己的生活就會比較簡單舒適，不會被太多的事情煩惱，不容易焦慮。如果這個權威的形象是家人，那麼家庭關係會非常親密、緊密、和樂融融，自己也會因此開心和自信。

　　劣勢：如果和權威角色之間總是充滿不可避免的衝突，就會不斷壓抑自己，直到不能忍耐而爆發，有相當大的可能會破壞自己生活的穩定性，而且較難恢復。而且在沒有人可依賴的情況下，自己無法獨立做決定，容易陷入糾結和矛盾中。

　　誤區及注意事項：早閉型統合的人似乎在遇到大風大浪前就已經做了某種決定，比如早早就做了不婚或者不生的決定，但這些決定可能是某種為了不再繼續順從，或為了不再引發新的衝突和焦慮而做出逃避行為的結果。一旦生活中出

現一個足夠大的刺激，可能會衝破這個早就做好的決定，而陷入危機。這個危機可能是好事，可能是機會，但在這個危機出現的時候，一定要獲得能夠促進統合的資源，比如新的價值觀和人生觀，或者專業的說明⋯等，否則會因為統合失敗，又回到逃避狀態，而且由於之前的應對激烈反應，再次進入逃避狀態的程度可能會更深。

未定型統合──叛逆

　　未定型統合：青春期正在經歷危機時，沒有形成具有確定性的應對策略，身處於不停的鬥爭中，這種鬥爭可能會一直延緩至學習到新策略做應對時，方能結束。對於未定型統合的人來說，身邊的人都會在他們眼裡充滿矛盾性，比如可以同時表現出和權威角色的親密關係，但同時又強烈反抗這個角色的權威。這是因為他們有親密需求，但又不知如何處理權威感帶來的壓迫和限制，所以只能充滿矛盾地來維持權威關係。這也是在青少年族群中很常見的情況，那就是表現叛逆。他們可能和權威角色有很好的關係，但是一旦當權威角色發表一些權威言論，就會立馬牽動自己叛逆的神經，想要爭論和反抗。我個人比較接近未定型統合的類型，從青春

期一直延緩到30歲，最近才慢慢找到除了爭論和反抗之外，可以和權威進行對話的方式。而這個延緩的時間一轉眼，已經過去十幾年了。

優勢：會特別在意自己的想法，並有較強的衝勁和堅持力，不容易屈服和服輸，似乎永遠處在鬥志昂揚的戰鬥狀態。

劣勢：極易焦慮，長期處在高焦慮狀態中，容易崩潰，相較於對成功的渴望，更多的是恐懼和害怕。比如在進行這本書的書寫過程中，我最焦慮的階段是此書接近尾聲時出現的一種感覺，相較於都沒有人閱讀這本書，我更擔心的是它成功的可能性。我想這與長期反抗權威的習慣有關，快要成功的時候，可能自己就有變成權威的可能，而這是之前自己一直極力反抗的，所以會有恐懼和擔心。

誤區及注意事項：叛逆的人看起來好像很有自己的想法和主見，但有些時候可能是為了叛逆而叛逆，即使自己沒有任何想法，也會做出叛逆行為。所以當叛逆常常出現的時候，可能為我們帶來的一個信號是，我們在做習慣性的反抗，但並沒有東西真的值得我們反抗。而且叛逆也可能是延遲的，你可能在青春期的時候沒有表現出來，一旦進入一個可以叛逆的環境或者階段，哪怕你已經是成人，也會突然開

始做出叛逆的事。而且這是一個好機會，說明沉寂了很久的青春期再次啟動了。另外早閉型統合的人也有可能在後面的人生中繼續打開和成長，然後轉入叛逆階段，這也是成長還在繼續的表現。

迷失型統合——迷茫

迷失型統合：青春期未經歷較大的危機，但也沒有形成應對問題的策略和能力，常常會陷入迷茫狀態，找不到方向。

迷失型統合的人特別像活在自己世界裡的小孩，沒有辦法和外界的人和事產生較為強烈和穩定的連結，這是因為在自己曾需要來自家庭的指引和方向時，總是得到拒絕或根本沒得到任何回應，完全不知道該參考什麼想法和思路來面對眼前的問題。可能周圍能夠利用的資源也較少，在家庭之外也沒能獲得支持和說明。迷茫的狀態令人非常不安，不知道前面的路在哪，也不知道現在腳下的路是什麼，對很多問題的答案，腦海裡的第一反應常常是「不知道」。

優勢：如果從事藝術類…等不需要和外界打太多交道的職業，自己就能獨立作業，倒不失為一種專注的方式。

劣勢：一旦涉及人際關係，可能就會陷入混亂，形成一

種越接觸人際關係就越覺得沒自信的惡性循環。

　　誤區及注意事項：相比於前面兩種類型，我強烈建議這個類型一定要尋求專業幫助，因為自我架構是混亂且不穩定時，特別容易受到身邊各種因素和信號的影響，導致自我的架構被進一步打亂和干擾，迷茫程度加重，人際隔閡也加深。因為即便從事不常和人打交道的行業，也難免會和少量的人接觸，而少量的人際接觸亦可能會造成較大困擾。

定向型統合——個性

　　擁有一個能健康成長的家庭是很幸運及令人羨慕的事，如果在成長經歷中能獲得基礎的支持、獲得統合，把之前的成長經歷中體驗的感受和學來的技能都統合在一起，未來的人生就能讓我們更加有掌控感。定向型統合是指在青春期成長的過程中也經歷過挫折，但透過自己的思考和外界的支援，有了解決方案和策略，從而形成更成熟的心理視角，並且能應用在之後人生裡會遇到的種種困難和挑戰上。

　　什麼是個性呢？就是你獨有的且堅定的一種風格，這種風格可能表現在各個方面——人際關係、學習方式、工作方式、閱讀方式、獨處方式、穿衣風格、居家裝修風格…等，

在定向型統合的情況下，一個人的個性可以更穩定更長久地保持著，同時較少地受到來自外界的挑戰，或者即使有外界挑戰，也不容易被動搖或者摧毀。

這裡要特別說明的是，前三種類型的統合，是在不同極端情況下的結果，普通人的經歷可能是在不同類型上有一定傾向性，哪怕身處再糟糕的家庭環境，也還是獲得過一些支援，所以千萬不要因為和其中某個類型有相似之處，就認為自己完全是那樣的人，但可以說是有某種傾向或接近某種類型。這也意味著，我們每個人其實都綜合了這四種類型的不同配比。

如果你接受現在的自己，哪怕不成熟、有缺點，都沒關係，改變不是必須的，但假如你想改變，統合的類型也不是一旦確定下來，就終生無法改變。每個人往往都會在自己的路徑上，以不同速度和方式經歷從早閉型統合到未定型，再到定向型統合的過程。也許你處於上述某個階段，也許已經歷過各個階段，這些都是正常合理的。一般來說，定向型統合的過程不是一蹴而及，大部分人也都經歷了先是早閉型統合，再到未定型統合，接著是迷失型統合，最後才進入定向型統合的過程。

　　現在的你可能來到了人生的某個分岔路口，產生想要改變自己的想法，但卻無從下手，那麼接下來為大家準備了本書的最後一個方法工具箱，幫助大家再次重啟自己的「自我統合之路」，希望這一次你的成長不再是沒有支援的、孤單的，而是確定的、有方法的，最終完成自我統合。

方法工具箱：三個「我」

　　自我認同雖然是發展心理學家艾瑞克森提出來的，但是與精神分析心理學中對於本我、超我、自我的描述的本質非常一致。所以我融合了兩個理論的精華，統合成了這個方法──三個「我」。

第一步：理解三個「我」

　　精神分析治療有三個基本目的，而且要同時實現。

第一，增加本我的靈活性

　　本我代表的就是我們的本能，如果沒有超我的控制，那本我可能想做什麼就做什麼了，毫無約束和節制。如果對於本我的需求過於放縱，那麼說明本我的靈活性是不夠的，增強了靈活性，就代表我們能在有某些需求的時候進行等待。

第二，增加超我的寬容性

超我就是本我的監督者，超我總想把本我限制在一定的標準和框架裡，不想讓本我做什麼超出規範的事。但如果超我太強，就想壓抑我們所有的需求，而且對自己提出越來越嚴苛的標準。增加超我的寬容性就代表著，如果我們做錯什麼或者有時出現一些任性的想法，也可以被理解和被原諒。

第三，增加自我的綜合性

透過上述對本我和超我的描述，似乎聽起來這是挺困難的任務，如果我們要同時保證本我的靈活性和超我的寬容性，就意味著對於本能的約束不能太緊，但也不能太鬆。而且即便有時候鬆了、有時候緊了，也能保持接納自己的狀態，那麼這時就是發揮自我功能的時候了，自我是用來平衡本我和超我關係的，是一個時時刻刻管理這兩者處於和諧狀態的角色和功能。這個自我就是剛才討論的自我統合，我們需要把發生的各種矛盾和衝突，用適合我們的方式進行化解和相處。

自我有點像是上帝視角，它無時無刻觀察著本我和超我，在我們需要的時候站出來幫助我們，是我們的守護者。但很多時候，由於自我發展沒有太順利，它不知道怎麼守

護，只能無奈地任由本我和超我彼此打架。接下來分析一下
這三個「我」現在處於什麼狀態，然後幫助我們的「自我」
回到守護者的位置上。

第二步：分析三個「我」

請大家根據下表5-10的提示進行填寫。

表5-10 本我和超我

本我或超我	能夠代表相應「我」的需求或表現
本我	
超我	

表格填寫說明：

在空格裡寫下分別能代表你的本我需求或超我表現的內
容。比如本我可以填寫「食慾很大」、「愛玩遊戲」⋯等；
超我可以填寫「會對自己提出很多要求」、「在自己沒有完
成任務的時會攻擊和否定自己」⋯等。

表5-11 本我和超我的衝突

編號	本我和超我的衝突具體表現	自我是如何調節的	自我調節方式是否奏效（滿分5分）
衝突1			
衝突2			
衝突3			
…			

表5-11本我和超我的衝突填寫說明：

第一，本我和超我的衝突具體表現

對於本我的需求，超我會想要出來干涉或者完全不管，那麼可能就會產生衝突。比如自己的食慾很強，體重已經嚴重超標，甚至影響身體健康，但超我就是無能為力，無法管束自己，那麼這就是一個衝突。

第二，自我是如何調節的

當上述衝突發生時，我們肯定會產生很多困擾和情緒，那麼自我是如何調節本我和超我之間的衝突的呢？你有沒有做一些事情來試圖改變這種衝突呢？可能什麼都沒有做，也可能尋求一些身邊的人或專業人士幫助，還有可能是繼續加強某一方的力量，比如讓自我更加失控，或讓超我更加瘋狂…等。

第三，自我調節方式是否奏效

對你填寫的自我調節方式進行評分，如果特別有效，即能改變本我和超我之間的衝突，那滿分就是5；調節效果越差，分數就越低。

第三步：增強「自我」

從第二步的結果中，把3分及以下的自我應對策略擷取出來，然後審視是哪裡出了問題。這其中一定潛藏著在本章第一節中總結過的問題，那麼就可以繼續關注這些問題及相對應的方法，結合「縫紉機」的方法工具箱去一一解決，這就是增強自我的方式。

同時，也可以把3分以上的自我應對策略擷取出來，然後看一下這其中是否潛藏著自己的優勢或某種獨一無二、只屬於自己的特點，它也許就是專屬於你的自我調節方式。那麼就可以繼續放大這個部分，鞏固自我發展較好的部分。

最後需要提醒的是，如果自我調節方式一欄幾乎是空白，或者有調節方式，但你的評分都在3分（不包括3分）以下，那麼這是需要專業心理諮商幫助的訊號了，表示你的自我調節系統的支撐有些困難，非常需要外部支援。

成長彩蛋
遲到的「成人叛逆」

　　「青春期叛逆」在心理學中是指青春期階段經歷的一種模式，這種模式的特點是情緒焦躁不安、和家人發生衝突、疏遠成人社會、做出魯莽行為和排斥成人價值觀。青春期似乎常和叛逆一起出現，但事實上，大多數人在青春期時都未曾經歷過叛逆，一般有三個原因。第一個原因是因為成長經歷較為順利，所以成人化和社會化的過程沒有引發強烈衝突和挑戰，無須做出抵抗。另外兩個原因都和不順利的成長經歷有關，一種情況可能是你在逆境中發展出一些可應對困難的策略，有意或無意間巧妙地避免了叛逆這種過於激烈的方式；另一種情況是你經歷的挫折或挑戰遠遠超過了能承受的上限，而叛逆是需要額外能量的，是一種巨大的消耗，因此當你已經處於生存模式下時，便再也沒有多餘的力氣叛逆了，只能把全部的力量用來自保。後兩種原因是本書中的最後一個話題，也就是我們帶著一個未解決的問題進入成人階段——遲到的「成人叛逆」。

　　相較於「青春期叛逆」的定義，我在這裡為「成人叛逆」下一個定義，它指的是成人時期經歷的一種模式，這種模式一般發生在一些偶然事件之後，這些事件大多帶有打擊性或挫敗感的負面事件，該模式的特點是當事人突然不想再

像以前一樣活著，而且發現自己一直以來的性格或為人處事的模式限制了生活空間，進而排斥已形成的人際關係模式和主流社會認可、推崇的價值觀。雖然這兩種叛逆發生在不同時期，但它們在本質上是相同的──當下的生活遇到了困難，而正處於這種生活中的自己不足以對抗環境中的困難，於是選擇藉助一種帶有破壞性的本能力量，試圖幫自己獲得突破。

　　成人叛逆是能改善當下處境的一次寶貴機會，但我們一定要把它和青春期的叛逆區分開來，並非完全複製青春期的叛逆。青春期的叛逆是無序的、野蠻的、危險的、不顧後果的，而我們現在討論的成人叛逆是有序的、理智的、安全的、具有重塑性的。以下提供兩種成人叛逆的方式：

心理獨立的命門

　　在第三章第三節討論過「心理獨立」這個概念，即意志的獨立性，是指人的意志不易受他人影響，有較強的獨立提出和實施行為以達到目的的能力，它反映了意志的行為價值的內在穩定性。在這裡，將從另一個維度更加深入地理解心理獨立的涵義以及實現方法。之所以再次提到心理獨立，是因為真正的心理獨立很難實現，即便你做到了經濟獨立，並

且能為自己的生活做決定，但只要別人的評價可以影響你的情緒，這可能就是心理獨立還沒有實現的一個信號。

「如何才能不在乎別人的評價」是我在心理科普生涯中常被問到的問題。這個問題太令人困擾了，因為「別人的評價」往往已經成了我們的一種既定假設，而非事實。大家思考一下，自己有多少事情是因為「腦子裡想像的別人」可能會怎麼看自己而不敢做的呢？以我自己來說，讀高中時因為有次考試成績不好，而擔心朋友們會認為我不夠格和他們做朋友，不再像之前一樣主動邀請我參加他們的團體活動；讀大學時，身邊的同學都吃得很少，而我向來胃口很好，卻因為擔心他們可能嘲笑我食量大，所以每次結伴吃飯時，我都會故意剩下一些。但這些評價一直都只存在我的腦子裡，我幾乎從來沒有真的聽到哪個朋友評價過我的成績或食量，我卻一直把這種假設當成事實來看待。

我想，在大家回想起的經歷中，有的人像我一樣把假設當成事實看待；有的人是經歷過真實且刺耳的評價，而並非僅僅是假設。無論哪種情況，背後的原因是相似的，那就是**在我們心理獨立的過程中，誤將別人的情緒和對我們的評價混為一談了，導致自己總是活在別人的評價裡，因此逐漸失**

去自我。我們本應在青春期就學習到這種能夠區分的能力，身為成人後更應該去掌握；但由於家庭和學校心理教育的普遍缺失，這個能力就像丟失的拼圖的一角，阻礙我們人格的獨立和完整。如果能真正將別人的情緒和對我們的評價區分開來，這將對我們找回自我有非常重要的價值和作用。

我們之所以害怕別人對自己的評價，是因為認為別人的評價和我們直接相關，甚至是唯一相關的，並對此深信不疑。**但事實上，讓我們感到有攻擊性或者被質疑、被否定的評價，往往都是表達評價的人的自身情緒釋放，甚至是發洩。**比如，在我的影片頻道中，曾收到過這樣的投稿：投稿人說自己在宿舍被一個非常強勢的人排擠，對方常說他不合群、內向。其實，在遇到這個強勢的人之前，投稿人說自己並不覺得內向是什麼不好的性格，但在對方反覆的強勢評價之下，真的開始懷疑自己是不是真的有什麼性格缺陷了。

評價的摧毀性極強，尤其是當我們真的開始相信這個評價的時候。但在這個過程中，很容易忽略這個問題：為什麼會有人不斷向別人表達帶有攻擊性的評價呢？答案是，評價者自身可能就存在一些尚未解決、較深層次的自我認同危機。這種自我認同的危機往往也是在青春期形成的，這也就

是為什麼國中時期的校園暴力相較於其他時期更突出的原因。當我們處在自我認同的危機中時，會非常害怕那些能激起自我否定和懷疑的對象，**校園暴力的施暴者往往是因為在被施暴者身上看到和自己相似、但自己無法接納的部分的影子，所以用暴力去消除那種自我厭惡和恐懼。帶攻擊性的評價和肢體施暴在某種程度上是相似的，都反映著評價者自身的脆弱和自我攻擊的情緒。**

　　回到剛才那位投稿者的案例中，強勢的評價者對自我的接納程度是較低的，可能在投稿者的日常行為中看到了自己的影子，卻又特別擔心別人會看透這一點，所以需要反覆用評價來撇清自己和這個影子的關係。在不斷的重複評價中，投稿者就中了評價者的圈套，誤以為自己真的像評價者說的那樣不堪。跳出這個圈套的關鍵，就是識破它充滿迷惑性的表象，學習區分一個人表達出來的話語究竟是「對自己的客觀評價」還是「自身情緒的宣洩」。區分的方法非常簡單：

　　客觀評價：當一個人說評價時，你感覺到對方是想和自己溝通，而不是單方面下判斷，不是剝奪自己說話權利的，就是客觀評價。

　　情緒宣洩：當一個人說評價時，是充滿壓迫性的，並且

對你的回應毫無興趣，甚至是打壓你的回應，那就是情緒宣洩。在這種情況下要特別小心，對方的表達內容都是自己內心不安的外露，也就是說，這個評價可能不僅和你毫無關係，而且恰恰相反，是評價者的自評，是他在自己心裡的樣子。

這個區分看起來似乎簡單，但真正實踐練習時需要一點一點慢慢消化和提升。**每當我們受到他人評價時，可以想像腦子裡有個鏡頭，在評價發生前，鏡頭是對準自己的；現在，試著把鏡頭對準評價者，去審視對方和評價的關係，從中切斷評價和自己的關係。當評價者發現我們並不會因為他的評價陷入圈套，就會喪失那種攻擊性和偽裝出來的力量感，這個時候，自我就真正獨立了。**

不要忽略夢

剛才討論的情況較適合那些生活中有很多大起大落情緒體驗的人，也有不少人的生活沒有那麼多強烈的刺激事件，而有機會被動地進入成人叛逆階段。對於這部分讀者，我非常推薦「夢」這個途徑。因為無論我們清醒時的意識多麼平靜，都只是冰山一角，潛伏在冰山下的潛意識可能有大量能夠帶來擾動的、未知的資訊，可以幫助我們主動進入成人叛

逆的階段。學者希爾德布蘭特提出：

　　我相信夢既與現實世界分離隔絕，又與它有著最密切的
關係，我們完全可以這樣說夢，不管提供什麼內容，它的材
料永遠來自現實世界，來自依託現實世界展開的精神生活，
不管夢的內容多麼奇特，它永遠都擺脫不了真實世界。夢中
形象無論多麼瑰麗或者滑稽，它們的基本材料永遠都是借來
的，要嘛借自我們在外部世界看到的東西，要嘛借自我們在
清醒思維中不管以何種方式出現過的東西，換句話說，就是
借自我們在主體世界或者客體世界經歷過的東西。

　　如果夢和現實世界中清醒時的意識完全沒有任何關係，
或說不總是有關係，那麼關於夢的探討是沒有意義的。但這
恰恰相反，夢簡直可以說是對我們生活更深度的解析，下述
關於夢的四個特點，也許可以讓你更加理解夢的價值。
　　第一個特點，不能用常規邏輯去解釋夢，因為夢會用一
些非現實的概念呈現我們的想法和情緒。比如你正做夢時被
鬧鐘吵醒，你可能對夢的印象非常深刻。前一刻可能還覺得
這個夢在你腦海裡好像挺完整的，有情節和故事性，但是當

你試圖記錄下來或向別人描述時，就會覺得沒有任何邏輯。也正因如此，我們的夢才能夠更加真實地反映心中想法和情緒，沒有用平常的慣性掩飾來逃離真相。

第二個特點是夢中的元素不是純粹的想像，而是非常真切的心靈實際體驗。也就是說，雖然你在夢裡經歷的那些事看起來非常奇怪，但你經歷的情緒、情感，那種主觀體驗是非常真實的。這也是夢非常有價值的地方，它不是我們編造出來、沒有意義的情節，而是透過某種方式把我們的情緒附加在那些載體上，然後傳達出訊息。

第三個特點則非常像遊戲的說法，那就是夢境的圖像是副本，你夢裡夢見的那些人、那些場景是副本，真正的主體是你的想法、你的觀念，是你賦予這些圖像的意義。那麼它跟我們的生活是什麼樣的關係呢？佛洛伊德所著的《夢的解析》中，有句話表達了這樣的涵義：

隨著感官活動和正常意識的終止，心靈會失去它的情緒、慾望、興趣和行動賴以生存的土壤，而那些在清醒狀態下，依附於回憶圖像的精神狀態、情緒、興趣和價值判斷，都會籠罩在一種遮蔽性的壓力之下。這導致它們與這些圖像

的聯繫中斷，在清醒狀態下對物體、人物、地點、事件、行動的直覺圖像分別被大量複製出來，但它們都不再具有自己的精神價值了，由於脫離了這種價值，它們會按照自己的方式在心靈中四處遊蕩。

最後一個特點就是道德感。夢其實是我們虛構出來的情節，但是它還會保留與我們在現實生活中同樣程度甚至更強烈的道德感，當然，有些人可能在夢裡是毫無羞恥的，還有些人可能是道德魔人。

基於夢的這些特點，接下來討論釋夢之前，我們需要說明一些要點，或是做好一些準備，主要有兩方面。

第一個方面，準備好提高對自己精神感受的注意力，也就是說我們要在乎這件事，如果對夢的態度是不在乎夢、不在乎自己的想法和感受，那就沒有任何素材和資料可供研究，所以推薦大家試一試「夢」這個自我探索的新領域，這裡有大量的、豐富的資訊等著我們使用和解讀自己。

第二個方面，我們接觸夢境中出現的各種情景或元素時，一定要排除我們平時慣性使用的自我批判態度，比如某個夢境太邪惡了、太骯髒了，或者太惡毒了；再比如某個夢

境是嫉妒別人、傷害別人…等，請不帶評價地把這些夢記錄下來。如果你經過一番篩選，把這個夢境中自己不能接受的部分剔除掉了，那麼這個夢也沒有任何研究的必要了。如果真的想從夢裡探索到一些對自己有價值的東西，就一定要非常坦誠，夢見什麼就回憶什麼、記錄什麼、分析什麼，這是我們解釋夢的基礎。做好準備之後，接下來就是解釋夢。分享一個非常簡單能解釋夢的方法：

第一步，記錄實際事件。記下你做夢的當天，或者夢到的事件的那天發生了什麼。

第二步，自然記錄夢境。雖然夢境過程沒有邏輯可言，但也不要試圖編造邏輯，腦子裡想到什麼畫面就用語言記錄下來，如果你覺得第一個畫面和第二個畫面之間沒有邏輯，可以用「…」取代中間的邏輯過程，但千萬不要自己腦補，因為把自己清醒意識的邏輯混雜進去，就干擾了這個素材。

第三步，分析。分析的單位要盡量小，你的夢可能記錄了一大段，那麼這一大段夢就以每一個句號或語義為一個單位。以一個令我印象深刻的近期夢境為例，夢境記錄的其中一句如下：

我站在大街上，一個人都沒有。

　　然後，我就可用這一句話為單位，開始自由聯想分析，這句話讓我想到更多的不是想法，而是一種從心底產生並且往外溢出的情緒，是悲傷的情緒、孤獨的情緒、失望的情緒…等，直到你對這句話再無任何聯想了，接著分析下一句，直到把夢境的所有內容都分析完畢為止。

　　最後一步，試著得出結論。佛洛伊德認為，夢的動機是願望的達成，也就是我們的夢是為了完成某種願望而存在的。如果以此為前提得出結論，就可以從對夢境的逐句分析中挖掘出我們到底想要什麼，到底有什麼在我們現實生活中沒有得到滿足，是需要在夢裡滿足的？這個答案將幫助我們探索到真正的自己。

結語

　　到這裡，0～18歲的自我探索之旅就告一段落了，它是我們生命中第一個尤其重要的生命階段。我們可謂歷盡千辛萬苦才渡過這段人生，一路走來經歷了這麼多挑戰和困難，但還是繼續往前走著，這是我們每個人都要感謝自己的地方。接下來，我們將帶著這個階段的收穫和未完成的任務，繼續接下來的人生。而在這一個個階段的進程中，「我」一直伴隨著自己，「我」的力量也在披荊斬棘中不斷強大和堅韌。千萬不要低估「我」的力量，哪怕它現在支離破碎，或是思緒常常一片混亂，「我」也在撐著你、支援你，完成當下生活的一個又一個任務。

　　這個「我」在無數的人生機緣中被洗禮、考驗或注入能量，在人生設計的機緣巧合中，我們可能遭遇挫折或創傷，也可能體驗幸運或驚喜。這些機緣巧合還會繼續出現，正如閱讀本書的你也在某個機緣巧合中與它相遇。我很幸運，能成為你人生中的一個機緣巧合，並在此和你一同探索了這段奇妙的心靈之旅。也謝謝你，允許我進入你的內心世界，進行這場難得的、寶貴的人生對話。下一個人生巧合，再見，未完待續。

參考文獻（簡體版原書）

[1]阿德勒.自卑與超越[M].江月.北京：中國水利水電出版社，2020.

[2]埃裡克・H.埃裡克森.同一性：青少年認同機制[M].孫名之.北京：中央編譯出版社，1968.

[3]黛安娜・帕帕拉，薩莉・奧爾茨，露絲・費爾德曼.發展心理學：從生命早期到青春期[M].李西營，等.北京：人民郵電出版社，2013.

[4]西格蒙德・弗洛德.夢的解析[M].方厚升.杭州：浙江文藝出版社，2016.

[5]克雷爾.現代精神分析「聖經」：客體關係與自體心理學[M].賈曉明，蘇曉波.北京：中國輕工業出版社，2002.

[6]麥凱，范寧.自尊[M].馬伊莎.北京：機械工業出版社，2018.

[7]史蒂芬・A.米切爾，瑪格麗特・J.布萊克.弗洛德及其後繼者[M].陳祉妍，黃崢，沈東鬱.北京：商務印書館，2007.

[8]宋炯錫，等.家庭心理百科[M].任李肖垚.北京：九州出版社，2020.

[9]亞隆.存在主義心理治療[M].黃崢，張怡玲，沈+東鬱.北京：商務印書館，2015.

【讀後筆記】

【讀後筆記】

如果人生可以重來，我們該如何長大

寫給成長過程中走迷、挫傷的你，完整自己的二次成長療心室

作　　者	王瑞	
審　　訂	張榮斌	
封面設計	木木 LIN	
內頁設計及排版	關雅云	
責任編輯	蕭歆儀	

地　　址　231 新北市新店區民權路 108 之 2 號 9 樓

電　　話　(02) 2218-1417

信　　箱　service@bookrep.com.tw

總 編 輯　林麗文

副 總 編　梁淑玲、黃佳燕

主　　編　高佩琳、賴秉薇、蕭歆儀

行銷總監　祝子慧

行銷企劃　林彥伶、朱妍靜

出　　版　幸福文化／遠足文化事業股份有限公司

發　　行　遠足文化事業股份有限公司
　　　　　（讀書共和國出版集團）

法律顧問　華洋法律事務所 蘇文生律師

印　　製　博創印藝文化事業有限公司

出版日期　西元 2023 年 9 月 初版一刷

定　　價　420 元

書　　號　0HDC0077

ISBN：9786267311493

ISBN：9786267311615 (PDF)

ISBN：9786267311622 (EPUB)

國家圖書館出版品預行編目 (CIP) 資料

如果人生可以重來，我們該如何長大：寫給成長過程中走迷、挫傷的你，完整自己的二次成長療心室 / 王瑞著 . -- 初版 . -- 新北市：幸福文化出版社出版：遠足文化事業股份有限公司發行 , 2023.08
　　面；　公分
ISBN 978-626-7311-49-3（平裝）

1.CST: 人格心理學 2.CST: 心理治療

173.75　　112011174